EU SOU OS MILAGRES QUE EU CRIEI

Dora Smithberg

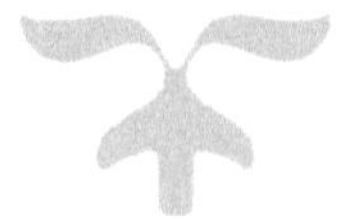

2020

NY

EU SOU OS MILAGRES QUE EU CRIEI

Revisão e Colaboração: Luzia Moraes
Capa: Mídia Jovem Comunicação – CNPJ 29.703.554/0001.37

Smithberg, Dora
     Eu Sou os Milagres que Eu Criei/ Dora Smithberg
     . – NY: 2020.
     277 p: 14,8 x 21 cm

SUMÁRIO

Prefácio

O livro "Eu Sou Os Milagres Que Eu Criei", de Dora Smithberg, traz no seu conteúdo, muito mais que um enredo, mas uma história emocionante de dor, luta, fé e superação. A sensação que tive, ao ler cada linha da obra, como uma pessoa extremamente temente à Deus, é que estava diante de um relato de vida, que realmente teria que virar uma obra literária, não apenas pelo seu teor, como a superação de vida, para ser um testemunho forte da existência de Deus em nossas vidas.

A fé nos leva até o nosso verdadeiro destino. Basta acreditar na maior força do Universo: o único e verdadeiro Deus! Como mulher, ser humano, me senti sensibilizada, fragilizada, emocionada, envolvida, e arrepiada, ao sentir em cada palavra escrita minuciosamente, a experiência dessa mulher lapidada por Deus, em todo decorrer da sua vida terrena.

Assim, como jornalista e atriz, me sinto honrada, em ter sido escolhida, para dar minha impressão sobre a obra lida, a qual, me fez, sentir num set de filmagem, com muita vontade de ser a personagem principal desse livro, que, com certeza, se chegar nas mãos certas, irá virar um belíssimo roteiro de um filme, série ou novela.

Recomendo essa linda história de fé e superação, a todas as pessoas que buscam se espelhar, não no passado, mas sim, viver o presente, que Deus dar em nossas vidas. Nada acontece por acaso, tudo é propósito de Deus. Que as muitas "Doras", não olhem para trás, mas sigam em frente, acreditando em Deus e em si. Você é mais forte que qualquer humilhação, dor ou tristeza. Tudo passa... O que vai, são livramentos, e o que fica, são bênçãos Divina, em nossas vidas.

Dora, você é um exemplo, não apenas de mulher, mas do agir de Deus, em nossas vidas. A cada capítulo lido, que devorei, sensibilizada e arrepiada, senti a presença constante de Deus em sua vida. Parabéns pela mulher vitoriosa que Deus te transformou...

Ele fez da pedra bruta, um lindo diamante! Virei sua admiradora, por tudo que li, nessa obra emocionante, apresentada por minha amada amiga Luzia Moraes, a quem agradeço e fico lisonjeada, pelo carinho e lembrança, do meu nome, dentre tantos representativos na nossa Bahia, para resumir esse livro, que com certeza, será um *best seller*! Gratidão à Deus, por esse encontro com vocês, nessa vida terrena!

Cheiro e sucesso!

Yin Yee Carneiro
(jornalista e atriz)

Desde a primeira vez que nos conhecemos em 1992, Dora tem me contado histórias fascinantes sobre sua infância, sua mãe, seu primeiro marido, o nascimento de seus filhos, seus dez irmãos e irmãs, seus melhores amigos e todos os altos e baixos de viver na Bahia nos anos 70 e 80.

Cada história contém elementos de coragem, dedicação, empobrecimento, decepção, amor e esperança. À medida que eu escutava essas histórias, eu começava a entender mais e mais como elas se entrelaçavam e como ajudaram a formar a mulher pela qual me apaixonei. Há anos, Dora vem escrevendo suas memórias, parando e recomeçando muitas vezes, sem chegar muito longe.

Finalmente, em 2019, ela encontrou um editor que a motivou e a encorajou. Eu sabia que o momento havia chegado, quando ela me disse: - "Eu vou escrever meu livro". Ela iria fazer isso.

 Algumas histórias vieram com facilidade, como o nascimento de Taís, a experiência que Dora teve de chegar perto da morte; a história de sua mãe de usar remédios caseiros para curar veneno de cobra: a história do pai de seus filhos, que "não servia para nada", e que saiu de casa vestindo apenas um calção de banho para comprar cigarro, voltando três dias depois contando mentiras e sem o anel de casamento. Outras histórias foram bem mais difíceis para ela relatar.

Há muita dor e tristeza por trás delas. Seus pesadelos que haviam desaparecido há muitos anos, voltaram nos últimos meses, a medida em que recordava sua história. Dora acordava gritando no meio da noite, sentia dores de cabeça constantes, e sofria de ressaca sem sequer haver tomado álcool.

Na noite em que nos encontramos pela segunda vez, Dora e eu nos sentamos apoiados um ao outro, debaixo de um coqueiro, ao som das ondas do mar e observando as estrelas.

Falávamos sobre nossos sonhos. "Eu vou me casar com esse homem", ela disse às estrelas, como se eu não estivesse presente. Fiquei sem palavras. Não há muito o que falar em um momento como esse. Passados um ou dois dias, me encontrei pela primeira vez com seus filhos, Júnior, Taís e Marcus.

É como se um grande vazio na minha vida, de repente, tivesse sido preenchido. Eu queria ser parte daquela linda família. Ou melhor, eu já era parte dela. Meus futuros cunhados e cunhadas até já achavam que Marcus se parecia comigo. Eu não poderia discordar. Dora disse que havíamos estado juntos em vidas passadas, e que era o nosso reencontro nessa vida. Novamente, não poderia discordar, mesmo que eu não tivesse certeza disso.

Algumas vezes me refiro a Dora como um furacão, soprando com força e deixando danos pelo caminho. Mas, também a chamo de Anjo. Cheia de amor, alma e muita sorte! Aqui segue uma parte de sua história.

Robert Smithberg

A vida da minha mãe é uma história impressionante de autodeterminação e sobrevivência. Uma história de vida, cheia de pobreza, preconceito e violência, escrita com honestidade e coragem. Minha mãe, minha inspiração, minha heroína...

A trajetória de vida dela me empoderou, dando-me a coragem, os instrumentos, e a mentalidade para vencer obstáculos e crescer diante das adversidades. A mensagem de minha mãe para mim e meus irmãos foi sempre de amor, força e determinação.

Taís Augusta Liberato Dominguez

Agradecimentos

Agradeço à Deus, meu criador, por tudo o que Eu Sou! Agradeço ao meu pai, por ter sido instrumento da minha criação!

Agradeço do fundo do meu ser à minha mãe querida, por ter me emprestado seu corpo para que eu viesse ao mundo. Por toda a força que me deu para eu ser quem eu sou e para fazer o que eu fiz. Onde quer que você esteja, mãe, receba a minha gratidão!

Agradeço aos meus sogros, Shirley e Stuart Smithberg, por terem me dado seu filho como esposo e por terem sido os verdadeiros avós dos meus filhos.

Agradeço especialmente ao meu marido, Robert, por ter acreditado em mim, por ter me mostrado um mundo novo, por ter me levado para conhecer lugares incríveis! Por ter me ajudado a realizar os meus sonhos e, especialmente, por ter adotado meus filhos e ter dado a eles a educação maravilhosa que deu. Agradeço pelo nosso amor, por tudo o que vivemos juntos e por tudo que ainda vamos viver!

Agradeço à minha amiga Josefina Alves de Oliveira Roma, minha querida amiga Jô, meu Anjo-da-guarda na Terra. Obrigada por ter sido minha companheira e minha irmã, me dando um ombro para chorar todas as vezes em que mais precisei. Agradeço à minha amiga Dona Isaurinha, querida vizinha a quem considero uma segunda mãe.

Agradeço à minha irmã e amiga Meire, por ter cuidado dos meus filhos quando eu estava fora do Brasil. Agradeço à minha sobrinha, Márcia Damasceno, por insistir que eu escrevesse a minha história neste livro. Agradeço à minha prima Deusa, por todos os momentos felizes da minha infância.

Agradeço à minha amiga Heny, por ser a perfeita tradutora do prefácio do meu livro. Agradeço a Itana e a Rosália, por todo o apoio que me deram. Um agradecimento especial à minha querida amiga e irmã espiritual Luzia Moraes, que fez a revisão do livro e Agnoell Crioulo pela criação da capa. Agradeço à Paulo Schaun pelo suporte técnico.

Agradeço à minha boa amiga e irmã, a verdadeira mãe do meu filho, minha ex-cunhada Dinei Pereira Aragão. Obrigada por todo apoio que você me deu e por ter sido a melhor mãe que nosso filho poderia ter. Agradeço também ao Hélio Aragão, por ter sido o pai do meu filho e tê-lo criado. E o agradecimento mais especial aos meus filhos.

Agradeço ao meu filho Júnior, o primogênito. Obrigada por sempre me dar força e me ajudar tanto a cuidar dos irmãos mais novos. Agradeço ao meu filho Raul, por nunca ter me rejeitado e ter aceitado que eu não pude criá-lo. Obrigada por não ter me julgado e por estar de volta à minha vida. Agradeço à minha filha Taís, minha menina e minha princesa. Obrigada por ser essa mulher incrível! Agradeço ao meu filho Marcus, meu caçula! O querido mentor da nossa família. Agradeço por tudo o que você é.

Agradeço a todos os meus netos, Diego, Zoe, Lua e Mila. Agradeço ao meu genro Carlos, por ser um ótimo pai para meus netos, e à minha nora Elina, por ser uma ótima mãe para as minhas netas.

Agradeço à minha amiga Marinete Morison, pelo apoio que me deu em Londres. Agradeço à todas as pessoas que colaboraram na execução deste projeto. Agradeço a todo o Universo, por todo amor e todo amparo que sempre me deu, em todos os lugares que vivi e em todos os momentos da minha vida.

E, finalmente, agradeço a mim mesma, por ter tido coragem e tomado as rédeas da minha vida e ter enfrentado todos os desafios que ela me trouxe. Muito obrigada, Dora Beleza!

Comparo Dora à magnitude de um oceano cheio de força e beleza. Mergulhar na sua alma exige fôlego e coragem para as marés altas e baixas, cheias de agitação e tempestades. Você é a joia preciosa da sorte de quem venceu as águas turbulentas da existência e nos presenteou com a alegria e sabedoria de quem se auto superou.

O maior milagre da ostra é ver a areia que tanto lhe aranhou se tornar a mais linda pérola. Você é intensa, inspiradora, graciosa, resistente e deslumbrante como uma pérola rara! Amo-te!

Luzia Moraes

Meu Brasil

(Em um avião da Varig, um dia de 1999)

Ainda bem não te curtir
Já tenho que te deixar meu país
Ai que saudade de você! Meu Brasil
Da sua alegria, da sua folia
Da sua gente alegre que tem alma quente
Tenho saudades dos seus lindos lábios
Com sorriso largo

Meu Brasil encantado
Cheio de ginga
Onde se vive mesmo humilhado
O povo acha um jeito de ser feliz
Brasil, onde se respira ar puro
Onde se tem alguns muros
Onde pobre mesmo pobre
Divide o pouco que tem
Mesmo que seja
Um bom dia vizinho
Eu te amo! Meu Brasil
Mas tenho que te deixar
Mas uma vez tenho que te deixar
Porque vou em busca dos meus sonhos
Ou em busca da minha ilusão

Meu Brasil, eu te amo
Mas, você não me deu o que eu queria
Por isso vou te deixar meu Brasil
Um dia eu voltarei
Adeus meu *Brazil*!

Dora Smithberg

Conheci Dora na Turquia em 1992. Era muito jovem e me sentia meio intimidada com o caráter destemido de Dora. Havia me deparado com uma pessoa de coragem, daquelas que talvez você tenha a sorte de encontrar uma vez na vida. Mas, ainda não tinha me dado conta disso.

Dora tinha a religiosidade, o humor e a impulsividade de uma brasileira com todas suas raízes. Ela não conhecia a palavra preguiça e muitas vezes me ligava às seis da manhã com aquele bom humor e energia que uma boêmia como eu não era capaz de compreender.

Em Ankara, na Turquia, Dora oferecia festas inesquecíveis, gastronomia invejável, música, e tudo temperado com muita alegria e originalidade. Nessas festas havia gente de todas as partes do mundo, e até mulheres turcas reservadas. Depois de umas caipirinhas e vatapás (comida típica da Bahia), religião, cultura e idioma já não eram obstáculos. Tudo se transformava em alegria. A dança e a festa entravam para a história. Dora era Universal, e em sua história cabiam todos, sem distinção.

Para mim Dora sempre representou sorriso e felicidade. E quando penso em tudo o que teve que passar e sofrer, minha admiração cresce e tenho quase vergonha de me queixar das adversidades da vida. Dora tem algo diferente da maioria das pessoas que conheci. Ela é incapaz de fingir. Dora jamais conseguiu deixar de ser ela mesma. Uma pessoa que fala o que pensa, sorri, chora, briga, abraça e vive plenamente suas emoções, podendo até assustar os desavisados. Mas, hoje eu reconheço que sempre estive diante de uma das pessoas mais autênticas, verdadeiras e bondosas, no sentido mais profundo da palavra, que conheci em minha vida.

Eu tenho o privilégio de ter sido testemunha de muitas das batalhas que essa minha grande amiga enfrentou. Para mim, Dora é uma jóia que já nasceu lapidada. Em todas suas ações, nunca retrocedeu, sempre colocou o coração e a determinação diante de qualquer obstáculo. Um coração desprovido de egoísmo, que sempre manteve as portas abertas . O mundo agradece sua existência minha amiga, o seu sorriso, sua alma, sua coragem e sua generosidade.

Henny Lorenz
(jornalista)

Dedicatória

Dedico esse livro à memória da minha mãe, por ser meu exemplo de guerreira. E à todas as mulheres para que se declarem felizes ao tomar um ato de rebeldia e conquistarem seus sonhos.

Dora Smithberg

Minha história, minha caminhada pela existência. Os abismos que me lancei, as curvas que derrapei, os montes que escalei, os desertos que atravessei.

Continuo caminhando... algumas vezes no topo da montanha, outras nos precipícios da vida. Caindo e levantando. Adquirindo calos nos pés e cicatrizes no coração, mas sempre recolhendo o que sobrou de mim. Me refazendo da dor e dando a volta por cima.

Nova Iorque é a cidade em que vivo, é minha casa! Enquanto ando pelo mar de informações e sensações da Times Square, os que atravessam por mim ou passam ao meu lado, entre o emaranhado de ruas brilhantes, buzinas e conversas animadas, nem imaginam... mas, houve um tempo em que caminhei sem luz. Houve um tempo em que caminhei com fome.

Estava na Bahia, um dos mais paradisíacos e promissores Estados do Brasil, meu berço. No entanto, me sentia no deserto, tão agreste era a minha realidade. Entre curvas fechadas, montanhas íngremes e oceanos profundos, continuei e continuo! Ossos quebrados e arranhões não me detiveram! Me reergui, me refiz, me reconstruí.

Então, por que contar essa história? Por que agora?

Porque sempre estive agarrada à esperança. Porque percebo este sentimento transformar o semblante surpreso de quem escuta minha trajetória. Porque testemunhei mudanças no caminhar de outras pessoas. Porque este é o momento! Nesta jornada ao meu passado, compartilho tudo o que aprendi e como fui capaz de superar grandes desafios. Neste meu primeiro livro, estou de coração totalmente aberto! Se alguma das linhas à seguir ajudar na caminhada de quem lê, mais uma luz se acenderá no meu próprio caminho. E continuaremos, ainda mais fortes.

Vamos?

1 DORA BELEZA

Nasci em uma família desajustada. Em uma casa em que o nível de desajuste é ainda maior do que a média. Minha mãe casou-se três vezes, antes do meu pai. E teve dois filhos de cada um destes relacionamentos anteriores, totalizando seis filhos, que são meus irmãos mais velhos. Com meu pai, teve filhos e filhas, cinco ao todo.

E eu fui a primeira. Minha infância, minha adolescência e minha juventude foram todas marcadas por muitas desavenças, muitas brigas violentas, muitas vezes, sangrentas. Éramos onze irmãos no total.

É inacreditável como a família, presumidamente a base da sociedade, pode deixar de ser um "lar" para ser um "campo de batalha". Desde pequena, fui obrigada a andar com muito cuidado, como se estivesse em um campo minado, prestes a explodir. Sim! Sem nenhum exagero: eu cresci em um ambiente hostil, cheio de pessoas ensandecidas e demasiado conturbadas. Ignorância, revolta, agressividade!

Tudo era resolvido na pancadaria e com de palavras de baixo calão! Fome, maus-tratos de um pai alcoólatra e a impotência de uma mãe escravizada por dores físicas e emocionais. Foi assim que, em vez de me resignar como todas as minhas irmãs, eu enfrentava a todos como se fosse uma fera feroz. A luta era constante, diária, mas não na rua, contra as dificuldades da vida, era em casa, no seio da minha família, entre nós mesmos.

Meus irmãos mais velhos e, consequentemente, mais fortes, nos massacravam com tapas e pontapés, todos os dias. Raramente tínhamos paz. Meus pais brigavam constantemente, agredindo-se verbalmente, moralmente e fisicamente. Brigávamos por tudo! Comida, roupa e até pelas duas cadeiras perdidas no canto da sala. Quem tivesse sorte, se espremeria em dois beliches, na hora de dormir. Três dormiam na parte de cima, três, na debaixo. O restante deitaria em esteiras no chão.

Não havia escapatória, a vida na minha casa era uma guerra! Só havia trégua, quando estávamos na escola, poucas horas por dia. O medo era minha única certeza. No mais, não sabia se haveria o que comer, se teria uma noite inteira de sono ou se acordaria no meio da noite, entre gritos, xingamentos e agressões físicas.

- "Sua puta, descarada, vagabunda!"

- "Seu corno miserável, eu vou te matar!"

- "Vou te cortar toda no facão!"

- "Venha, se você for corajosa..."

- "Me largaaaaa!"

-Pai, socorro! Larga minha mãe!

- Ajude aqui, dona Mira!

- Socorro, dona Luzia!

Essas eram frases tão corriqueiras quanto "bom dia", "como foi o seu dia" ou "fez a lição de casa?". Às vezes, eu desmaiava e a briga parava. Lembro que, nestes momentos, eu era invadida por uma tristeza tão profunda que passava horas chorando. Chorava por medo de perder à minha mãe. Por medo de ser morta pelo meu pai. Meu pranto era porque, apesar de tudo, eu sentia uma compaixão enorme pelos dois, meu pai e minha mãe. Assim, cresci. Entre ameaças de revólver, golpes de facão e pedaços de pau.

A única coisa que eu realmente possuía era o medo! Até que meu instinto de defesa ficou maior do que o temor. Até que minha vontade de sobreviver me impulsionava a ser uma guerreira invencível. É impressionante como uma criança tão frágil, delicada e sensível tenha se tornado capaz de enfrentar aqueles "gladiadores", que eram os meus irmãos impiedosos. Eu os enfrentava para defender a minha vida, a minha dignidade. A outra opção seria apanhar calada, como faziam as minhas irmãs menores.

Não! Alguma coisa dentro de mim era tão destemida, que eu simplesmente não aceitava mais ser humilhada e agredida. Lutava com as armas mais poderosas que eu possuía: meus dentes. Eram eles que, junto com meu instinto de "fera ferida", me concediam à força de resistir. Como meus cabelos eram compridos, às vezes, meus irmãos me agarravam pelos fios longos. A única coisa que eu podia fazer nesta hora era morder. E eu mordia, mordia e mordia mais, até que me largassem! Meus dentes eram tão poderosos que passei a ouvir a ameaça:

- "Vou quebrar seus dentes, sua puta desgraçada! Você vai ficar banguela!"

Fui uma criança sagaz, rebelde e ao mesmo tempo sensível com os sofrimentos alheios, gostava demais de ajudar as pessoas e sou assim até hoje. Dona de uma personalidade forte, autêntica, fiel, sincera, independente quando o assunto é trabalho, porém fragilizada pela carência emocional e agressiva quando zangada. Como mulher acredito que sou carinhosa, sensual, romântica e ciumenta.

Sempre tive um lado "bruxa", "feiticeira" como falam, pois possuo muita sensibilidade espiritual, tanto que vira e mexe tenho "visões", muitas vezes atreladas a uma comoção intensa de alegria que leva a um choro profundo. Os "crentes" chamam este fenômeno de "Batismo do Espírito Santo". Acontece também as "falas proféticas", pois é muito comum, eu falar e a coisa acabar mesmo por acontecer.

Cozinhar é minha grande paixão e desde pequena já fazia minhas panelas de barro e comidas com folhas. Sempre gostei de deixar tudo extremamente organizado e limpo. Na fase da adolescência comecei a trabalhar para poder comprar minhas coisas e ajudar minha mãe. Empreendedora, sempre estive negociando algo: discos, comida, roupa, bijuteria, sanduíche, tudo que pudesse vender, eu vendia!

Minha alma é sonhadora, nunca me conformo com injustiça ou miséria. Sou mãe amorosa, cuidadosa e faço qualquer coisa pelos meus filhos. Tenho um instinto materno muito forte!

Porém confesso que muitas vezes não soube lidar com à "maternidade". Minha relação com os meus filhos sempre foi muito mais de "amigos", o que considero horas uma virtude, horas um erro, pois o meu senso de responsabilidade, em vários momentos deixou a desejar.

Júnior e Marcus são muito apegados a mim, uma relação linda de muito amor e amizade desde pequenos. Cheia de abraços, beijos, e muitas conversas sobre tudo, isso até mesmo na fase adulta, o que sempre me fez sentir à mãe mais amada do Universo. Com o tempo estes carinhos foram diminuindo pelo nosso "estilo de vida cigano", de estarmos sempre mudando para lugares diferentes, à distância fez diminuir o "aconchego" e disso eu sinto muita falta!

Minha filha Taís quando pequena era mais apegada ao pai e muito questionadora. Hoje é uma mulher linda e posso dizer que é a minha melhor amiga! Lógico que os quatro são muito meus amigos, falo assim, por sermos "mulheres", e isso é muito especial!

Meu filho Raul não criei, mas depois que emigrou para os Estados Unidos, reside comigo e construímos uma relação lindíssima! Não mais como de "mãe e filho", mas de verdadeiros amigos e juntos damos muitas risadas! Gosto demais do seu jeito engraçado e sei que ele adora muito das minhas "maluquices". Raul é um menino bom, inteligente, com uma capacidade de viver na alegria incrível! É tudo muito maravilhoso! Tenho muito o que dizer sobre todos eles.

2 DONA MARIA AUGUSTA, MINHA MÃE

Minha mãe era uma mulher extraordinária, um diamante raro, certamente capaz de brilhar tanto quanto outras mulheres mais letradas. O que mais me recordo é da complexidade dela, de como carregava o melhor de sentimentos tão opostos. Muito altiva, andava sempre com a face inclinada para o céu!

Era pura majestade e exalava uma espécie de poder por onde passava, ao mesmo tempo dona de uma simplicidade que encantava a todos.

Nas minhas memórias juvenis também a vejo doce, como uma pombinha branca, e humilde, como um carneirinho. A não ser que fosse necessário defender um dos filhos. Neste momento, ela era valente, uma guerreira impiedosa, com um braço tão forte que seria capaz de derrubar um homem, com apenas um golpe.

Era como uma dessas mulheres das quais ouvimos falar nas lendas: invencível e imortal! Minha mãe também era "bruxa", sabe? Meio "curandeira", meio "médica". Entendia "tudo" sobre saúde. Era uma mulher muito espiritualizada: de Umbanda, de Quimbanda, de Candomblé, de Espiritismo. Não se assuste não, mas minha mãe era também "engenheira". Era mesmo! Todas as casas que nos pertenceu, foram construídas por ela, de próprio punho. A primeira delas foi uma morada de barro e madeira, que ela recolhia em uma mata próxima.

Era um bairro com poucas casas, um matagal e nada mais. No fim da rua, a última casa, era a que morávamos. Havia cobras e todo tipo de bichos. Lembro que ela fazia armadilhas para caçar tatus e outros animais, para que pudéssemos comê-los assados. Depois de terminar a construção do nosso lar, arquitetou mais quatro casinhas, também de barro, que chamávamos de "avenida".

Sagaz e empreendedora, alugava-as para poder ganhar um dinheirinho. E era generosa para aceitar, às vezes, que os inquilinos morassem de graça, por não terem recurso algum. A primeira casa de cimento que ergueu sozinha tinha três quartos e um cômodo extra. Vou surpreender você se contar que ela mesma fez os blocos de concreto que serviriam de tijolos para a casa?

Lembro com clareza de mamãe fazendo a massa de cimento e areia. Ela mexia, remexia e, com pá e enxada, fazia aquela massa, colocava-a nas formas de madeira que construiu e esperava secar. O sonho dela era ter uma casa de alvenaria e, para isso, produziu quatro mil blocos. Quando estava com os blocos quase todos prontos, uma filha do primeiro casamento do meu pai pediu ajuda para construir um imóvel. Então, papai deu a ela todos os blocos, sem a autorização da minha mãe. Foi um golpe horrível!

Até hoje, sinto raiva ao recordar este dia, pois ninguém, nem mesmo meu pai, ajudou minha mãe a fazer aquelas centenas de blocos.

Não eram dele para doar e, pior, ele ignorou completamente o sonho de minha mãe. Que dura lição! A minha brava guerreira, no entanto, não desistiu! Conseguiu juntar dinheiro para comprar o cimento de novo e, mais uma vez, produziu os blocos. Como antes, os blocos chamaram a atenção e um irmão do meu pai pediu-os. Desta vez, ela se pôs na frente deles, como um soldado e com veemência não deixou que os levassem. Nenhum sequer!

Vencida esta etapa, ela usou a casa de barro como "molde" e fez a alvenaria ao redor. Cavou buracos, colocou ferros e, depois, brita e cimento que conseguiu com o "Lar Fabiano de Cristo", o único Centro Espírita das redondezas que ajudava pessoas em necessidade.

Construiu, um a um, todos os cômodos até sozinha, erguer nossa primeira casa de cimento, com três quartos. Terminada a construção, minha mãe seria agora carpinteira. Aquela mulher incansável construiu a nossa cama, usando pedaços de pau. Os colchões, fez com o capim seco que retirava também da mata. Minha mãe inventava de tudo! Apesar de não saber ler nem escrever, aprendeu a rabiscar seu nome e a ler a Bíblia. Era inexplicável como conseguia ler a Bíblia inteira e, com uma memória incrível, seguia gravando todas as histórias.

Como é possível uma mulher analfabeta ter aquele livro gigante em sua cabeça? Até hoje, não sei. Lembro apenas que ela contava as passagens bíblicas com expressões e interpretações. Também narrava lendas e contos, e histórias da própria vida. Lembro muito bem das suas canções de ninar...

Minha mãe gostava muito de cantar, também gostava de reunir à vizinhança na frente de nossa casa para contar estórias, "contos de fadas". Lembro de muitas crianças e mulheres sentadas em círculo, para ouvir os contos de minha mãe, juntava era gente, viu?

Tinha noite de ter vinte, trinta pessoas para ouvi-la. Infelizmente não lembro desses contos, acredito que meu subconsciente "escondeu" muito da minha infância, mas recordo de um que era chamado de o "Príncipe Lírio Formoso do Mar". A estória era sobre um rei que levou seu filho para passear de barco e o menino caiu no mar, sem ser mais encontrado. Até que um dia... bem, aí já não me lembro mais...

Minha mãe era uma excelente "benzedeira". Sabia rezar com folhas como ninguém, e por isso muitas pessoas vinham em nossa casa para ela "benzer" contra "mau-olhado", "espinhela caída", "encosto" ou mesmo para dar sorte com o emprego ou com o marido. Muitas vezes ela acordava no meio da noite, vestia uma calça de saco, pegava o facão e saia gritando:

- "Sultão das Matas chegou!!!"

E entrava pela mata adentro, só voltava com o dia amanhecendo, trazendo plantas e bichos que caçava. Com as folhas limpava a casa e fazia banhos de ervas para todos, depois de tudo isso, ela se converteu evangélica.

Muito visionária criou uma espécie de "caixinha de dinheiro" com a vizinhança, como se fosse uma "conta poupança" ou "banco entre os vizinhos". Vendia seus quitutes, mas com onze filhos nunca conseguia ter prosperidade, todo seu dinheiro era para os gastos com à família. Foi uma avó muito querida, amava seus netos de paixão. Fazia comidas saborosas, produzia sua própria farinha, plantava sua própria horta, criava seus próprios porcos e galinhas e gostava de ajudar os mais miseráveis, sempre!

Tão extraordinária era a minha mãe, com seu olhar terno, cheio de amor! Seu sorriso feliz e contagiante olhos bondosos, mas que se tornavam severos, quando estava aborrecida. Uma mulher que superou muito, até mesmo a sua própria história, para nos dar o que deu. Maria Augusta dos Santos, esse era o seu nome, nasceu em 02 de fevereiro de 1929, na mata de Porto Seguro, na Bahia.

Minha avó era índia e meu avô era filho de escravo fugido. Mesmo que a Lei Áurea tivesse abolido o trabalho forçado, a exploração escravista ainda existia. Quando minha mãe nasceu, minha avó morreu. Logo após o parto, devido a uma picada de cobra. Então, minha mãe foi criada por meus bisavôs, que eram índios. Ficou entre os índios até completar sete anos, quando partiu com meu avô para à Ilha de Itaparica. Cruzaram juntos o rio da Mata, minha mãe sempre falava dessa travessia.

Contava de como o meu bisavô a levou nas costas, enquanto mantinha uma faca atravessada na boca, para defendê-los de algum animal. No fim desta aventura, meu avô entregou a minha mãe para um casal com outros oito filhos. Da vida com meus bisavôs, ela levou apenas dois documentos, um era a certidão de nascimento e outro a escritura de umas terras cafeeiras, em Ilhéus, que seriam suas, ao casar ou completar vinte e um anos.

Viveu com essa família, como filha adotiva, mas, na verdade, era tratada como uma escrava e teve que aprender rápido: lavar, passar, cozinhar, fazer contas com os dedos e na cabeça. Contava que, todos os dias, acordava às três horas da madrugada para fazer o café da manhã dos pescadores, pois sua mãe adotiva vendia comida para eles.

Viveu assim por mais sete anos, até que sua beleza começou a causar ciúmes na mãe adotiva. Pele morena, cabelos longos e cacheados. Era lindíssima! Parecia uma protagonista de ficção, uma "Gabriela Cravo e Canela", de Jorge Amado, da vida real.

Assim, antes mesmo de completar quinze anos, minha mãe foi entregue a um pescador viúvo, de sessenta anos. Ele a levou para casa, fez uma espécie de "festa de casamento" e, à noite, mandou-a tirar a roupa. Como ela se recusou, ele a espancou e a estuprou. Quando mamãe me contou isso, tive tanta raiva daquele homem desgraçado! Com o próprio abusador, ela teve dois filhos. Logo que conquistou confiança em si mesma, deixou aquela casa, fugindo com as duas crianças, que são minha irmã e meu irmão mais velhos. Foram morar em um lugar chamado Nazaré das Farinhas. Ali, minha mãe conheceu um homem e se apaixonou. Foi o primeiro e único amor de sua vida. Com ele, teve mais dois filhos.

Para sua profunda tristeza, ele morreu, deixando-a com quatro crianças. Minha mãe decidiu, então, tentar a vida na capital e foi para Salvador. Lá, teve mais um relacionamento, do qual nasceram mais dois filhos. Só, então, conheceu meu pai, quando já tinha uma história de vida digna de um livro inteiro!

Dona Maria Augusta não falava do seu passado, mas muitas vezes chorava muito e de tanto insistir me revelou que tinha muita saudade da juventude que não teve, da infância que não lembrava e da morte do seu grande e único amor que partiu de forma tão repentina. Era muita tristeza! Seu único patrimônio eram seus onze filhos, que tanto sofreu para criar.

3 MEU PAI, O BÊBADO EQUILIBRISTA

Meu pai era um bêbado intelectualizado. Essa é a melhor definição que posso dar. Nos raros momentos em que estava sóbrio, era um homem bom e sábio. Gostava de ler o jornal todos os dias e também escutava as notícias em seu rádio de pilha. Quando não estava na "versão alcoolizada", amava "filosofar" e recitar poemas! Nunca soube detalhes a respeito da sua infância. Não sei seu nível de escolaridade e de onde brotou toda a sua "erudição".

Sei que ele foi casado uma vez, antes da minha mãe, e que foi abandonado por essa primeira esposa. Ouvi, por alto, que um dos seus filhos, o mais velho, suicidou-se com um tiro no ouvido. Uma tragédia! Havia também outros filhos, e até cheguei a conhecer alguns deles, mas nunca tive muito contato com estes meus irmãos. Meu pai trabalhou na Companhia das Docas do Estado da Bahia, no Porto de Salvador. Apesar de não entendermos muito sobre o seu ofício, todos nós, (inclusive ele mesmo), sentíamos o maior orgulho dele ter permanecido por trinta e cinco anos no mesmo emprego, até se aposentar.

Infelizmente, o que ele ganhava era, literalmente, uma miséria. Tanto que mal dava para sustentar nossa família. Apesar de todos os seus defeitos e falhas, no final sempre pagava as suas contas e era cordial na sociedade. Como um legítimo contador de histórias, sabia da vida de todos os políticos e sempre falava do presidente Jânio Quadros. Contava para nós que, quando conheceu minha mãe, estava todo "alinhado", como se diz na

Bahia, de paletó e gravata. Tenho em minha mente a nítida lembrança de seus ternos: um preto (para funerais), um azul-marinho, um marrom e outro branco, que usou para me levar ao altar, no dia do meu primeiro casamento.

Quando ia receber dinheiro, saía do banco direto para o "puteiro", como são vulgarmente chamadas as casas de prostituição na região. Sempre vestia terno para impressionar! Muitas vezes, voltava para casa apenas com o valor do "armazém" e comprávamos fiado para pagar ao término de cada mês. Foram tempos de miséria absoluta! Tempos difíceis e inesquecíveis!

Sei também que meu pai tinha três irmãos. Não lembro o nome dos dois homens, mas a irmã era carinhosamente chamada por nós de tia Odete. Ela era uma muito boa comigo, e sempre nos visitava, junto com a minha avó, Josefa. Aliás, meu pai gostava tanto da sua mãe que por ela, era capaz de ficar dias sem beber uma única gota de álcool. Antes de conhecer minha mãe, ele teve algumas posses, segundo o que me contou um dos meus irmãos. Parece que ele possuía uma chácara, uma padaria e um galinheiro.

Só sei que deu fim a todos os seus bens por causa do vício na bebida. Lembro do meu pai estar sempre rodeado por muitos amigos. Lembro que, depois de se aposentar, passava o dia todo jogando dominó, uma das suas paixões, e bebendo.

Houve uma outra mulher na sua vida, antes do primeiro casamento. Talvez uma amante, não sabemos. Tudo o que se sabe é que ela morreu quando ele era ainda muito jovem. Certa vez, papai estava contando uma de suas histórias e falou que deu uma surra de facão nesta tal mulher, e que nem ele sabia como ela tinha resistido. Tudo que sei é que, de noite, estivesse bêbado ou sóbrio, ele chamava por ela. Imagino que esta mulher deva ter marcado a sua vida de uma maneira inesquecível, inconsolável e muito traumática. Sei que, mesmo sendo muito pequena, tudo aquilo me fazia sentir tanto medo! Às vezes, papai gritava:

- "Vá para o quinto dos infernos, vai assombrar outro!"

Parecia que ele estava literalmente "perturbado" pelas lembranças daquela mulher. Sonhador. Sim! Meu pai sempre sonhava em ficar rico, ganhar na loteria. Contraditório. Sim! Como eram confusos os seus desejos! Ele queria muito que eu estudasse para vencer na vida, mas não me dava orientação e nem paz para estudar. Ele queria que eu me casasse com um homem de posses. Nas vezes em que estava sóbrio, conversava comigo e me pedia para ir na casa lotérica jogar. Ele jogava toda semana, inclusive no "jogo do bicho" e me prometia:

- "Vou ficar rico e, quando você fizer quinze anos, eu vou te dar um anel de brilhante e uma casa bonita".

Além da bebida, meu pai fumava o dia inteiro. Tinha uma tosse crônica e, por excesso de secreções, usava seu lenço o dia todo. Como na época usava-se lenços de tecido, minha mãe me responsabilizava em lava-los. Meu Deus! Como eu achava nojenta aquela função! E tinha mais...

- "Dorinha, venha fazer minha barba!".

- "Dorinha, corte a minhas unhas".

Cada vez que íamos a um enterro de algum vizinho ou a casamentos de conhecidos, ele fazia um discurso. Com o pouco que sei do seu passado, antes da minha compreensão do mundo, lembro que ele era refinado, muito educado, se expressava muitíssimo bem e andava como um homem elegante. Usava chapéu Panamá e era extremamente machista. Acreditava que eu não deveria cortar o cabelo, usar roupa decotada, muito menos calça, pois era uma peça de roupa masculina e não queria que eu trabalhasse fora.

Quando tive meu primeiro filho, era muito "babão" com o seu neto. Andava com ele pendurado em seu colo e enchia-o de doces.

Quando estava para casar, meu pai se desfez de uma casinha (que tinha antes de conhecer minha mãe). Seu único patrimônio! Ele vendeu esse imóvel e, com parte do dinheiro da venda, comprou os móveis para o meu quarto e também a minha mobília da sala. Naquele tempo, dar os móveis do quarto da noiva era uma questão de honra! Era um homem bem alto, magro, olhos de mel e pele clara. Gostava de cantar umas músicas estranhas. Uma delas dizia algo mais ou menos assim:

- "Quando eu morrer... Me enterre na Lapinha... Calça culote, paletó, almofadinha." Canção "Lapinha" de Baden Powell e Paulo César Pinheiro popularizada na voz de Elis Regina, no álbum: Fascinação, de 1988, Gravadora: Phonogram.

Uma das suas frases favoritas era à expressão popular: "Para onde eu vou, chego cedo!". Isso é tudo que eu sei sobre meu pai. Ser sua filha, me fez viver dias em que pensava que não iria aguentar carregar minha cruz, pesada demais! Meu pai teve muitos erros e defeitos, mas foi o melhor que pode diante de tudo que a vida lhe apresentou.

Em tudo o que vivi com ele, pude aprender muitas coisas e esses ensinamentos fizeram-me seguir adiante! Seguir além dos seus sonhos para mim. Seguir além dos meus próprios sonhos! No bom ou no mau exemplo, ele me ensinou muitas coisas. Por tudo isto, lhe sou muito grata! Aníbal Francisco Liberato, meu pai, te honro!

4 MEUS DEZ IRMÃOS

Crescer entre meus irmãos, não foi uma tarefa fácil! Como mencionei anteriormente, viver em minha casa era como estar em guerra, como andar em um campo minado. Um ambiente violento, assustador, traumatizante! Este é um "capítulo" muito difícil da minha história, e que pode causar desconforto para quem não viveu realidade tão árdua. Ainda assim, resolvi contá-lo porque dele tirei grandes aprendizados. Sobre bondade, caridade e compaixão. Principalmente sobre ter compaixão comigo mesma.

Como certos padrões de comportamento se aprendem, eu acabei por bater nos meus filhos, como faziam os meus pais. Por pura ignorância, por não conhecer outra forma de educar. Ainda assim, sempre que acontecia, eu pedia perdão, porque ficava com o coração partido por ter feito aquilo. Todas estas lições estão nas entrelinhas das histórias que conto aqui.

Tenho cinco irmãos homens, quatro deles mais velhos do que eu, e um mais novo. Quando a minha mãe veio morar com meu pai, trouxe seus seis filhos, dos outros três "maridos" que teve. Imagine você: o mais velho deles, Vavá, já com quinze anos, praticamente um homem, teve, junto com os nossos irmãos, de submeter-se aos maus-tratos do meu pai alcoólatra. Eles eram humilhados até pelo que comiam dentro de casa.

Sandoval (Vavá) era um mulato alto e musculoso, com uma voz esbravejante, que fazia com que qualquer pessoa sentisse medo dele, pois mais parecia um "gladiador" das sangrentas arenas medievais. Pedreiro, temido por todos, inclusive pela vizinhança. E, por isto, nunca era contrariado por ninguém. Infelizmente, todo desafeto que ele sentia do meu pai, descontava em mim. Qualquer pequena coisa que eu fizesse, era um perfeito motivo para que ele me espancasse de forma perversa. Sem contar as agressões verbais, que até constrange-me relatar aqui. Não tenho rancor, mas sinto calafrios ao recordar, pois o que vou contar agora é quase inacreditável.

Era apenas uma criança de sete anos e, apesar de ser frágil e indefesa, quando Sandoval me agredia, algo brutal emergia de dentro de mim. Era como me transformasse em um lobo selvagem que se digladia com o leão. Agarrava-o pelas pernas, cravava meus dentes e não largava até que alguém nos separasse. Ele puxava os meus cabelos com tanta crueldade, que, até hoje, é difícil digerir o tanto que apanhei desse meu irmão. Certa vez, estava sentada na frente de casa, com uma faca que minha mãe usava para matar os porcos que criava no quintal, descascando um pedaço de cana-de-açúcar para chupar.

Sandoval me pediu um pedaço, eu neguei. Ele me ameaçou, mas eu continuei negando, até que me chutou tão forte, que caí rolando com a faca na mão. Graças à Deus, não me cortei, mas, quando levantei, havia dentro de mim uma fúria tão grande que mirei no seu rosto e atirei a faca com tudo! A faca ficou pregada na sua sobrancelha. Meu Deus! Sandoval partiu como um demônio em minha direção e eu disparei a correr com todas as minhas forças até chegar na barraca, onde meu pai bebia e jogava dominó. Assim que cheguei, agarrei meu pai, mas meu irmão não se intimidou. Fez de tudo para me alcançar e só não conseguiu porque o local estava cheio de homens que rapidamente o arrastaram para fora. Voltei com meu pai para casa, mas ainda com muito medo! Felizmente minha mãe já estava lá! Eu sabia que apenas ela poderia defender-me do desequilíbrio dele. Apenas minha mãe e eu éramos corajosas para enfrentá-lo.

Outro dia traumatizante com meu irmão Vavá aconteceu quando eu tinha quatorze anos. Nesta fase, já começava a interessar-me pelos rapazes do bairro em que a minha irmã mais velha morava. Eu sempre ia visitá-la para cuidar dos meus sobrinhos. Por lá, também moravam muitos jovens, amigos do meu outro irmão, que era policial, e fiz muitas amizades com outras moças, de mais idade que eu. Comecei a paquerar um rapaz chamado Fernando que me convidou para ir ao cinema. A namorada do meu irmão contou tudo para Vavá. O cinema estava lotado e, no momento do meu primeiro beijo naquele rapaz, senti uma mão agarrar-me pelos cabelos e ouvi os gritos:

- "Então, você está aqui, sua vagabunda"?

- "Você é uma puta mesmo!"

Vavá me arrastou pelos cabelos para fora do cinema e saiu me xingando e me esbofeteando pelo meio da rua. Você pode imaginar o quanto foi humilhante?! Peço que Deus o perdoe, porque eu perdoo! Não me permito sentir raiva, mas confesso que estas lembranças ainda machucam. Tento seguir o exemplo de Jesus, que também foi humilhado e perdoou. Depois que mudei para os Estados Unidos, ficamos dez anos sem contato algum. Porém quando nossa mãe faleceu, só conseguir estar em Salvador um tempo depois e por isso um dos nossos irmãos me levou para visitar Vavá. Fui na paz, mas quando ele me abraçou, meu corpo reviveu as memórias de tudo que sofri em suas mãos, meus músculos travaram na hora, mas nada comentei! O temperamento forte de Vavá o afastou da família até hoje, lamentavelmente!

Penso nisto com compaixão, porque tenho consciência dos seus desalentos e infortúnios. Uma criação dura, cheia de dilemas e desafetos. Mal tratos do meu pai, surras terríveis de nossa mãe. Não frequentou à escola, nem teve oportunidade de lapidar o seu comportamento amargurado e descompensado. De suas qualidades me recordo de ser honesto e trabalhador, valores passados pela nossa mãe. A batalha podia ser entre meu pai e minha mãe, entre meus irmãos, entre pai e filho. Entre todos! Meu Deus! Como eu detestava minha casa!

Muitas vezes, pensei em fugir, mas o máximo que conseguia era alguns dias de refúgio na casa da minha irmã Deita, onde eu tinha acesso a um banheiro digno, uma alimentação melhor e não tinha ninguém querendo me agredir. Eu preferia limpar a casa e cuidar de todas as tarefas domésticas de Deita, do que ficar em minha própria casa. Até mesmo depois de casada, sempre encontrava respaldo por lá. Passei por uma fase financeira muito difícil e Deita me ajudou a colocar comida na mesa dos meus filhos. Até hoje lhe sou muito grata, pois com ela aprendi a cozinhar muito bem.

Meu cunhado, marido de Deita, era como um pai para mim. Sempre atencioso, me chamava de "baixinha" e me presenteava com bons livros. Com meus sobrinhos era muito carinhoso, mas às vezes, ficava agressivo com minha irmã e a agredia.

Outra briga muito hostil aconteceu com meu irmão Tourinho (ele parecia um touro, por isso seu apelido era Tourinho), quando eu tinha treze anos. Naquele tempo, eu era responsável por cuidar dos meus irmãos menores, inclusive cozinhar para toda família. Minha irmã caçula estava com fome e se aproximou do fogão. Fiquei com receio de Meire se queimar e quando fui afastá-la, ela abriu o maior berreiro.

Veio me insultando, sem nem querer saber o motivo do choro da pequena, já tirando conclusões precipitadas. Minha mãe estava doente do coração e no hospital. Pedi encarecidamente para Tourinho parar de gritar e ele respondeu enfurecido:

- "Por que você bateu na menina?"

- "Cala a boca, sua puta! Eu vou lhe arrebentar toda!"

Agarrando o cabo da panela de arroz que estava no fogo, ameacei queimá-lo. Ele pegou aquela mesma faca que minha mãe usava para matar porcos, e veio para cima de mim. Arremessei nele a panela fervendo, mas Tourinho se esquivou. Não sei como, mas nos atracamos no chão. Temi por minha vida, pois ambos estávamos descontrolados e tudo podia acontecer. Segurei a faca com força e tamanho o ódio, que nem sentia dor, apesar de já estar sangrando.

Sobre a mesa, havia um jarro, semelhante à uma caneca de chimarrão, que usávamos para enfeitar a casa com flores do mato. Tomei a tal caneca e bati com força contra sua testa. A caneca quebrou, e parte dela ficou espetada em minha mão. O sangue de Tourinho começou a jorrar sobre mim. Eu já não sabia qual era o meu sangue e qual era o sangue dele. Armada com aquele caco do jarro, fui furando Tourinho, com violência! Eu sabia bem o que estava fazendo, mas a ânsia por me defender e sair daquela situação era maior. Segui atacando-o, até que senti minha força esvair-se.

Não sei o que me deu na cabeça, mas levantei o meu joelho, lembrando de uma lição que minha mãe me deu sobre autodefesa, pois um homem já havia tentado me abusar. Ela me ensinou a dar uma joelhada nos testículos do agressor. E foi exatamente o que eu fiz. Aproveitei este momento para fugir, mas Tourinho me perseguiu, desta vez, com um facão enorme, destes de cortar coco. Até que, subitamente, desmaiou. Cheguei a pensar que estivesse morto, e comecei a gritar:

- Socorro, eu matei meu irmão!

Meus irmãos menores estavam muito aflitos chorando, até que veio uma vizinha que morava na casa da frente. E observando aquele corpo imóvel, olhou para mim e disse:

- "Ele tá morto! Você matou Tourinho, Dorinha? Fuja! Fuja senão a polícia vai te pegar!"

Saí correndo como uma louca, aterrorizada! Da minha casa até a estação de trem eram três quilômetros. Subi a ladeira pedindo carona desesperadamente!

Um táxi parou, mas quando percebeu que estava ensanguentada, não quis me deixar entrar. Me joguei para dentro do carro, e pedi pelo amor de Deus que me levasse até a casa do Doutor Francisco.

- Eu matei meu irmão, moço! Não me deixa de ser presa!

Ele olhou para minha mão sangrando e só então percebemos que o meu dedo estava pendurado. O taxista era mesmo um "Anjo" enviado e me conduziu até a casa de Deita e meu cunhado, mas chegando lá, eles não estavam.

A empregada Lourdes vendo minha situação contactou os dois e foi imediatamente socorrer-me, colocando nódoa de bananeira no ferimento para estancar a hemorragia. Deita e seu marido chegaram e me levaram para a enfermaria para fazer um curativo.

Depois foram comigo até minha casa, quando descobrimos que Tourinho não havia morrido! Ele tinha sido levado para o hospital, aonde ficou internado, e precisou de suturas na testa e no abdômen. Ao todo, foram mais de quarenta e cinco pontos, tantos foram os buracos que fiz no seu corpo! Voltou para casa com o peito e testa enfaixados. Meu Deus, que horror! Jesus me perdoe! Não consigo acreditar que tenha feito tamanha selvageria! A verdade é que depois disto, Tourinho nunca mais teve coragem de me enfrentar.

Meu irmão Raimundo implicava comigo, me chamando de "peniqueira", pois eu era a responsável por limpar toda a merda da casa. Não ter água encanada e rede de esgoto é uma triste realidade das favelas, por isso meu pai usava urinol, e todos debochavam de mim:

- "Vá limpar o cocô fedorento de cachaça do seu pai!"

Raimundo também fazia algo terrível com todos os irmãos. Quando estávamos comendo, ele falava as piores porcarias que se possa imaginar. Seu objetivo era fazer com que largássemos o prato, com nojo. Então, ele poderia comer o resto de todos. Imagine! Doze pessoas em uma casa pobre. Comida era algo escasso! Um saco de feijão por mês não era suficiente, macarrão tínhamos muito raramente, um verdadeiro luxo! De tanto me irritar com estas imundices, eu arremessei um garfo em sua direção que ficou espetado em sua sobrancelha.

Quando Raimundo ingressou na Polícia Militar, ficou muito transtornado, como se tivesse passado por uma lavagem cerebral que o deixou muito malvado. Na época ele acabou noivando e engravidando uma moça. Estava tudo certo para o casamento, quando de repente Raimundo aparece com outra mulher, também grávida, dizendo que havia mudado de ideia e trocado de noiva. Nossa mãe disse que não aceitaria aquela situação, mas ele ameaçou dar um tiro nela e depois um tiro em si mesmo. Tinha apenas quatorze, era muito jovem e imatura e acabei contando tudo para a primeira noiva de Raimundo. Acreditava que tinha sido a "outra", que havia virado a cabeça do meu irmão. Raimundo jurou que ia "me pegar", mas meu cunhado não deixou, me protegeu e mais uma vez, fiquei refugiada na casa de Deita.

Não demorou muito minha mãe adoeceu da vesícula e fui visitá-la, aproveitei para pedir perdão para a moça que no momento já era a esposa do meu irmão, e ela me desculpou. Quando Raimundo chegou em casa e me viu, tirou o cinturão de policial e me deu uma surra! Revidei quebrando o bar dele todo, arremessei todas as garrafas de vidro contra ele, e fugi entrando pela casa de uma das nossas vizinhas. Ele veio igual a um capeta atrás de mim com seu revólver em punho. Aquele dia foi um inferno! Ele prometeu me cobrir de porrada e depois me dar um tiro na cara! Tive que ficar por três meses na casa da minha irmã para sobreviver àquela loucura.

Chico até hoje é o mais tranquilo dos meus irmãos! Sempre fomos muito parceiros, e só tivemos duas brigas. Uma delas aconteceu em uma noite de São João. Ele ficou alterado pela bebida e começou a discutir com sua esposa e quando percebi estava agarrado na sua garganta a deixando sem ar. Tive que intervir. Peguei um pedaço de madeira em brasa da fogueira e dei uma cacetada em suas costas. Eu sei! Eu era uma selvagem! Não foi fácil crescer como cresci. Uma frase de Khalil Gibran é meu alento para aqueles tempos:

"Aprendi o silêncio com os faladores, a tolerância com os intolerantes, a bondade com os maldosos; e, por estranho que pareça, sou grato a esses professores". (GIBRAN, K. Nova Era, n. 177, Nov, 2004).

Meu relacionamento com minhas irmãs sempre foi bem mais amistoso. Em geral, nossa amizade sempre prevaleceu! Não posso negar, no entanto, que a mais velha delas, vez ou outra, me agredia. Uma mulher de muita beleza, negra, alta, com um cabelo ondulado, mas que gostava de alisa-lo. O motivo das nossas brigas era o "clássico" conflito entre irmãs: quando eu pegava suas coisas sem a sua permissão. Quando se casou, tinha ciúmes do marido comigo e, apesar das nossas desavenças, nunca a confrontei como fazia com meus irmãos homens.

Mantínhamos entre as mulheres da família o senso de "união" natural, de sonoridade! A gente sempre dava um jeito de se entender e não ter nenhum sentimento negativo. Eu nunca guardei mágoas das minhas irmãs! Com o passar dos anos, as brigas foram ficando para trás! Graças à Deus!

Nas minhas idas ao Brasil, nos reunimos e compartilhamos boas risadas! De tão amigas e unidas, preciso tomar o cuidado de dormir na casa de cada uma delas, pelo menos uma noite, para evitar ciumeira.

Vavá (que é Sandoval), Raimundo, Tourinho, Ju e Chico. Deita, Nitinha, Gal, Lúcia e Meire. Este livro é um importante passo em minha vida para um caminho unificado entre nossos ancestrais e descendentes! Que a luz do amor de Deus manifeste-se como a luz do sol, iluminando cada palavra escrita aqui, transmutando todos estes acontecimentos do passado, cheios de conflitos, em um movimento harmonioso de amor e pura bem-aventurança! Meus irmãos queridos! Eu sinto muito, por favor me perdoem! Eu amo vocês! Sou eternamente grata!

5 A SOMBRA DA FOME

Se há dois capítulos atrás expus a flagelação do meu relacionamento com meus irmãos e como esta situação me ensinou a ter compaixão, agora trato da sombra que acompanha os instintos mais básicos de autopreservação e sobrevivência.

Falo da fome! Você já sabe o quanto éramos pobres. Era frequente à escassez de alimentos. Havia um armazém, tipo minimercado na vizinhança, onde se vendia de tudo! O dono era o "Seu Paulo". Certa vez, minha mãe, já sem qualquer recurso para as compras do café da manhã, me pediu para ir buscar um pacote de biscoito, tipo *cream cracker*. Quando cheguei, Seu Paulo estava atendendo a três fregueses, e lhe disse que minha mãe tinha me mandado comprar bolacha. Ele logo perguntou se eu havia levado dinheiro e, com muita vergonha, disse que não! Expliquei que era para ser fiado.

- *"Cream cracker*, pão e manteiga só à vista" – falou, sem qualquer cuidado.

Argumentei que meu pai pagaria depois, como fazia todos os meses, mas ainda assim ele não aceitou, e me chamou de "abusada". Com os clientes todos olhando e me censurando, a raiva cresceu dentro de mim e, num rompante, já estava em cima do balcão. Arranquei o pacote da bolacha que estava pendurado, pulei de volta ao chão e saí correndo, como um bicho. Quando cheguei em casa, não contei nada para a minha mãe porque sabia que, se contasse, ela ia mandar que devolvesse. Foi o *cream cracker* mais gostoso que eu já comi na minha vida! Minha felicidade, no entanto, durou pouco. Quando meu pai chegou para almoçar, já entrou me agarrando pelos cabelos e me deu uma surra de cinta. Deus me perdoe, mas eu não obedecia a meu pai. A falta de respeito dele com minha mãe fez com que eu me revoltasse contra ele. Neste dia, falei sem pestanejar:

- Se o Senhor tivesse vergonha e colocasse comida em casa, eu não teria que roubar para comer!

Teria falado mais verdades, mas minha mãe mandou que eu me calasse, caso contrário ela também me bateria. E, claro, eu acatei. A verdade é que, além de tudo, eu não gostava do dono da venda, porque ele nos passava a pior mercadoria: feijão bichado, carne de má qualidade e outras coisas ruins. Na minha cabeça de criança, fazia sentido "vingar-me dele". O sonho da minha querida mãe era ter dinheiro sobrando o suficiente para não ter que comprar fiado em lugar algum.

Tínhamos também a época de fartura. E, por favor, não se choque com o que vou contar. Acontecia quando caminhão do lixo de supermercado da cidade jogava fora as mercadorias vencidas. Isso acontecia duas ou três vezes no ano. Pasme! Para mim era tão bom quanto ir a um parque de diversão!

Esse lixo de alimentos estragados era descartado perto de um riacho, ao lado de um grande terreno descampado, onde ciganos montavam acampamento. Os ciganos detestavam aquele mal cheiro, então, tratavam logo de pedir aos meninos que jogavam bola por ali para avisarem a todos nós:

- "Avisa que o peixe podre chegou!"

Então, os meninos que tinham "baixa escolaridade", passavam pelas ruas gritando, com seu português ruim:

- "Peixe podi, peixe podi!"

E aquele sistema de comunicação ia fluindo, até que chegasse à última casa, que era a minha.

A vizinhança toda ficava alvoroçada! Pegávamos o que tínhamos para carregar: bacia, sacos velhos, sacolas de pano e corríamos, subindo aquela ladeira, até chegar no riacho.

Então carregávamos tudo o que podíamos. Com sorte, achávamos, no meio de tudo, o delicioso "queijo de cuia", como chamávamos queijo do reino. E essa era a nossa época de "fartura". Quando chegávamos em casa, era hora de descamar os peixes. Mamãe os salgava e colocava nas cordas acima do fogão, que ficava na área externa.

Não tínhamos geladeira. O fogão tinha sido construído por minha mãe, com barro, no quintal. Tinha dois fornos. As panelas também eram de barro e o sabor da comida cozida na lenha é apurado demais!

Com aquela fumaça que subia até o varal, tínhamos um peixe defumado, o famoso *"smoking fish"*. Minha mãe juntava com abóbora, quiabo, pimenta e fazia um refogado primoroso. Com leite, ela fazia uma coalhada espetacular! Também doce de leite, com um toque de cravo e canela, para perfumar. Só de lembrar, fico salivando! Em uma boa parte da minha infância, distração era resto de supermercado. Como muitas vezes nós passávamos o dia inteiro sem comer, quando encontrávamos uma sobra de farinha, colocávamos um pouco de pimenta machucada e aquilo ficava com um aspecto de sopa, capaz de enganar a fome.

Não havia água alguma em nossa propriedade, apenas a que carregávamos em latas e íamos armazenando nos velhos tanques de petróleo, que minha mãe esterilizava muito bem. O lugar em que a gente buscava ficava em um terreno baldio, em uma ladeirinha. Lá embaixo havia um tipo de vale pequeno, com a fonte que a gente chamava mina, com água rasa, mas muito limpa e de boa qualidade. Como a vizinhança também não tinha água encanada, haviam momentos em que uma grande fila se formava.

Difícil mesmo era subir a ladeira de volta com as latas na cabeça, e como, naturalmente, a água ia caindo, a ladeira ficava muito escorregadia. Era preciso fazer malabarismo para conseguir equilibrar.

Uma outra boa lembrança era quando íamos pescar na maré baixa. Minha mãe tinha uma grande rede, que ela mesmo teceu, para pegar siris, mas sempre arrastava peixes também... Às vezes, nós, os menores, ficávamos na beira da praia, catando marisco. Era tanto marisco! Mais de três quilos! Que delícia que é a moqueca de marisco!

Como mamãe praticamente sustentava a nossa casa sozinha, lavava roupa para três famílias que moravam na cidade. Seus dedos ficavam constantemente feridos pelo esforço com aquele ofício de lavadeira. Subia a ladeira com três trouxas de roupa na cabeça, e depois andava quase três quilômetros até a estação do trem. Além de receber o pagamento pelas roupas lavadas, ainda trazia sobras de pão daquelas casas.

Eram pães duros, "dormidos" e, algumas vezes, até mofados. Mas, como estavam com manteiga, amávamos comê-los como lanche. Lembro que mamãe os aquecia no forno e achávamos uma maravilha! Imaginem! Comer pão mofado e achar uma delícia!

Quando eu falo que minha mãe era incrível, não estou exagerando nem um pouco. Além de tudo que já contei, ela fazia bolo, cocada e canjica de milho para vender no matadouro. Todas as sextas-feiras, demorava um pouco mais para chegar, pois ficava esperando os funcionários saírem do frigorífico para receber o pagamento de suas vendas. Algumas vezes, eles davam sobras de carne da cabeça do boi, que não era possível de ser vendida. Mamãe acabou fazendo amizade com as esposas de dois destes homens do matadouro. Certa vez, ela as convidou para comer um cozido em nossa casa e eu fiquei muito amiga de uma das suas filhas. Tanto que comecei a chamá-la de prima.

Minha felicidade era quando esta nova prima, a Deuza vinha passar o final de semana conosco. Era uma garota muito alegre, inteligente e engraçada. E linda! Como era linda, de cintura fina e bumbum grande. Posso dizer que em quase todas as boas memórias que eu tenho da minha infância, Deuza está presente. E somos muito amigas até hoje!

Minha mãe, mesmo cansada, não podia dormir à noite. Meu pai passava a noite xingando e a empurrando da cama com os pés. Era uma situação sem solução, pois ele dormia com um revólver debaixo do travesseiro. Sei porque eu mesma presenciei isso muitas vezes. Com medo de que meu pai chegasse à vias de fato, eu pegava minha esteira de palha e meu lençol e colocava ao lado da cama deles, no chão. Quando ele me perguntou o que eu estava fazendo ali, falei:

- Eu estou vigiando para o Senhor não matar minha mãe!

 Viver uma infância destas! Meu Deus! Havia todos os elementos para nos transformar em escória ou simplesmente em pessoas sem limite. E, por mais que tenha melhorado de vida, essas memórias seguem me atormentando, seja em pensamentos, seja em momentos de explosão. É muito difícil dominar o ego e, então, muitas vezes à aflição deste passado vem à tona. Até hoje, quando vou ao centro gastronômico de Nova Iorque fazer compras, acabo trazendo além do necessário, um hábito neurótico de quem viveu na mais absoluta escassez.

Nossa velha casa de barro era um ambiente propício para muitos animais peçonhentos. Entravam sapos, ratos, cobras, mosquitos de todo tipo. O pior para mim era o percevejo. Que bicho ordinário! Sugava todo o nosso sangue, tanto que, quando os matava uma grande marca de sangue se formava no lençol. E como não podíamos lavar nossas roupas de cama com alvejante, para não rasgar as únicas que tínhamos, convivíamos com os lençóis todos manchados. Sem contar a coceira que a sua picada causava na pele! Isto me traumatizou de tal forma que até hoje tenho pavor de insetos, e por isso evito ir a lugares com muitas árvores. Gostaria muito de poder usufruir mais da natureza, mas como não me libertei dessa fobia, fico limitada.

Como se toda a nossa vida já não fosse angustiante, em uma noite, eu estava deitada, olhando para a luz natural que escapava pelo telhado, e tive a sensação de que uma vara estava lentamente se mexendo.

Demorei perceber que era uma serpente gigante. Gritei pela minha mãe, e, quando ela acendeu o candeeiro, a maldita cobra estava quase pulando em papai. Ele acordou no susto, e pediu ajuda para minha mãe, que falou:

- "Cala a boca seu frouxo. Você não é homem não?"

Quem ajudou mamãe a matar a cobra foi meu irmão Chico. Aquela serpente comprida e grossa já estava pronta para dar o bote no pescoço do meu pai. Que noite horrível! A vizinha trouxe uma espingarda, mas ninguém conseguia matá-la. Foi quando minha mãe teve uma ideia: amarrou uma tira de pano em um pedaço de pau e ateou fogo, afugentando a cobra para fora de casa. A encurralou, e deu um golpe certeiro que a fez cair morta, finalmente! No dia seguinte várias pessoas vieram ver aquela peçonhenta, de mais de cinco metros. Foi um dos piores momentos da minha vida!

6 FÉ E DEVOÇÃO

Mesmo quando o assunto era religião, em nossa casa, havia guerra! Como minha mãe, minhas irmãs menores e eu éramos evangélicas, não celebrávamos datas católicas ou de outras linhas. Mas meu pai e meus irmãos mais velhos não eram crentes. Frequentávamos a Assembleia de Deus Pentecostal e o pastor da nossa Igreja mais pregava sobre o diabo do que sobre Jesus.

Em uma noite de São João, meu pai chegou bêbado, como de costume, seguido de meu irmão Vavá, trazendo um prato de canjica que a vizinha preparou. Minha mãe rejeitou, pois nem comida de "festa junina" ela aceitava, já que o pastor dizia ser pecado. Meu irmão insistiu, papai já irritado, pegou o facão e disse:

- "Seu vagabundo, ela não já disse que não vai comer? Vá-se embora da minha casa!"

Meu irmão se armou com um pedaço de ferro e veio desafiar meu pai. A cena mais parecia uma luta de espadas! Ambos cheios de ódio! Minha mãe no meio deles, correndo perigo, e eu e meus irmãos menores apavorados! Tentei abrir a porta, mas estava trancada. Meu pai estava com chave no bolso. E como minha mãe pediu para ir buscar ajuda, consegui pular a janela e sair correndo para chamar o pastor, que morava na rua de cima. O fato é que eu nunca soube, de verdade, o que aconteceu naquela noite. Perguntei à minha mãe várias vezes, mas ela falava que foram tantas coisas horríveis, que era melhor nem lembrar.

O que me lembro é acordar e ver meus irmãos e minha mãe ajoelhados ao lado da minha cama, chorando muito. Depois de muito insistir, já adulta, minha mãe me contou que eu fui encontrada no terreno baldio que tinha ao lado da casa da dona Lourdes. Essa Senhora ouviu um gemido, e chamou o marido. Quando foram ver o que era, eu estava embaixo de um pé-de-dendê, ardendo em febre, pedindo por socorro. Minha mãe falou também que eu ficava repetindo:

- Não pai, não pai, não pai...

Tentaram me acordar com medicina natural (através das folhas), mas não conseguiram. Me levaram, então, ao hospital da cidade e depois de ser examinada, o médico disse a ela que eu tinha febre tifoide. Ele quis me internar no isolamento do hospital, porque disse que a doença era gravíssima, mas minha mãe não aceitou. Me levou de volta para casa e cuidou de mim. Duas semanas depois, eu finalmente acordei. Me falou emocionada que viveu um pesadelo. Imagino o que ela deve ter sofrido, com medo de me perder. Já conhecia a dor de perder um filho, pois seu quinto filho morreu aos oito meses de nascido. Ela dizia que não existia dor pior na vida!

Quando Jesus disse que a fé remove montanhas, ele falou a frase mais certa da vida, pois eu sou a prova viva de que tudo é possível àquele que crê.

58

A fé e o amor da minha mãe me salvaram da morte duas vezes. Depois disso, o meu irmão foi embora de casa e meu pai passou dois anos sem beber. Começou a frequentar a Igreja e houve um tempo de paz em nosso lar. Até que um dos pastores foi flagrado no banheiro, sem calça, com uma moça de dezesseis anos. Ela fazia parte do grupo de Jovens. Foi o maior escândalo, e meu pai nos proibiu de ir à Igreja. Eu já estava com dez anos e, nesta mesma época, a mãe do meu pai morreu, então, ele voltou para o vício da bebida.

7 UMA FÊNIX CHAMADA DORA

Há coisas que escrevo neste livro que deixarão você perplexo, pois pode parecer inacreditável que alguém vivesse assim em pleno Século XX.

Falei, anteriormente, que não tínhamos banheiro e, por isto, usávamos urinol ou íamos no quintal, nos fundos da casa. Se não havia dinheiro para comprar comida, imagine para papel higiênico e artigos de higiene pessoal?

Usávamos todo tipo de papel usado que encontrávamos na rua, mas pior mesmo era quando nem papel velho tínhamos, e era preciso usar folhas do mato. Em uma destas vezes, depois de ter me limpado com a folha de bananeira, fiquei com uma coceira intensa nas partes íntimas.

Minha mãe logo deu o diagnóstico! Segundo seu conhecimento: era "cobreiro de lagartixa". A coisa ficou tão feia, que fiquei em carne viva, e o remédio caseiro que mamãe fez provocou que ardesse ainda mais. Para escovar os dentes a gente usava folha de goiaba. Hoje, quando vou ao mercado "Cosco", aqui em Nova Iorque, compro logo um grande estoque de papel higiênico e recordo da minha infância tão sofrida.

Penso também nas crianças que ainda passam por estas restrições terríveis nos dias atuais; aquelas que moram em regiões de extrema pobreza. Meu pavor de reviver aquele tempo é tão grande que, uma vez, meu marido considerou mudar para

Mauritânia, um país na África, mas recusei. Como a vida tem suas surpresas, ele adoeceu gravemente e tivemos que recursar o emprego, e após sua recuperação mudamos para o Chile.

Sim! Eu sou uma pessoa que sempre enfrentei a vida com valentia. Você já sabe, das vezes que apanhei, sempre revidei. E quando via alguém apanhar, não importava quem fosse, atacava o agressor com toda a minha fúria. Uma vez dei uma cacetada nas costas do meu pai, porque ele estava agredindo minha mãe, a garguelou, deixando-a completamente sem ar. Fui obrigada a pedir perdão, mas a verdade é que eu não estava arrependida, pois sabia que tinha razão. Era questão de sobrevivência ou de ir em defesa de alguém em desvantagem.

Então, cresci assim, com esse temperamento. Não era uma pessoa má, muito menos alguém que buscasse briga, mas quando era para me defender ou defender alguém, eu enfrentava a todos, mesmo que fosse a pedradas. Hoje já não me orgulho disso, porque não tenho mais motivos para temer, mas a verdade é que estou sempre em posição de defesa, preparada para contra-atacar! Não consigo ficar calada, pois sei o quanto me custa o silêncio forçado.

Das vezes que me calei, perdi a voz. Nunca premeditei nada. Simplesmente reagi. Avançava se me sentisse ameaçada!

Depois de tantos anos de terapia, eu já não grito mais. Quando algo acontece, me controlo o máximo que posso. Não sou mais aquela criança que teme tudo, e sou capaz de ter empatia com meus irmãos, a respeito do que fizeram, pois sei que a vida para eles também não foi fácil. Estávamos todos tentando sobreviver. Atualmente tenho auxílios para superar meus traumas: psicólogos incríveis, florais de Bach, livros de autoajuda e sempre busco o autocontrole. Não é uma tarefa simples, e muitas vezes sinto dificuldade. Quando uma explosão de raiva vem, me lembro do exercício de respiração e, na maioria das vezes, consigo me acalmar. Quando não, tenho vontade de morder a pessoa que estar abusando da minha boa-vontade. Existe uma canção que me define:

"Por tanto amor, por tanta emoção, a vida me fez assim/ Vou descobrir o que me faz sentir/Eu, caçador de mim". (Caçador de Mim. Sérgio Magrão e Luiz Carlos Sá, 1981, Gravadora: Ariola).

Por muitos e muitos anos cacei a fera que existe em mim. Me perdi muitas vezes. Mas segui me caçando, até que resgatasse a minha autoconfiança. Quantas vezes escapei e quantas caí em minha própria armadilha?

Dos meus medos, das minhas incoerências, mas segurei na mão do meu Deus. Como uma fênix que renasce das cinzas, estou restaurando as forças da minha criança interior, do meu amor próprio.

Meu pai era tão insano, que alucinava subitamente. Acordava na madrugada e derramava gás do candeeiro nos móveis até o colchão. E, então, ateava fogo e acordávamos gritando. Que loucura! Incendiando a própria casa! Mas eu sobrevivi a tudo isso! Meu pai morreu com setenta e cinco anos, de câncer no pulmão. Minha mãe era vinte e cinco anos mais jovem, e seguiu com ele até o dia da sua morte. De recompensa, acabou doente do coração, do fígado e do joelho. Minha mãe morreu pobre, mas foi a própria perseverança diante de tudo que a vida lhe trouxe.

Mesmo com tudo isso, estudei até a quinta série. E a verdade é que eu nunca gostei de estudar. Ia apenas para me distrair e fugir da tensão que era a minha casa. As professoras naquela época eram perversas e nos repreendiam com palmatórias, quando errávamos a lição. Chegava da escola com as mãos inchadas e minha mãe achava que a professora estava certa. Como querer estudar assim?

Gostava mesmo era de ler! Lia tudo que encontrava pela frente. O mais fascinante na leitura para mim era a necessidade de usar a imaginação para visualizar os personagens e até para descobrir quem era o criminoso da estória. Amo poesia, romance, ficção!

Os livros sempre tiveram a magia e o poder de me transportar para a cena, fazendo com que vivesse intensamente aquela realidade ali descrita. Sonhava com seus enredos e até hoje "sonho" com os livros que leio e com os filmes que assisto. Naquela época, sonhava mesmo acordada, desejando ser a princesa e viver aquelas realidades tão distantes da minha. Lembro de contar aos meus irmãos sobre estes meus devaneios, e eles diziam que eu tinha mania de grandeza: "come peixe podre e arrota caviar... vai ser rica! Só se for de merda!" e gargalhavam!

8 OBSESSÃO

Jamais vou esquecer o dia em que a minha mãe saiu de casa, e nos deixou. Ficamos eu e Gal, com meu pai. Como eu tinha cinco anos e Gal apenas três, meu pai nos levou para a casa de nossa meia-irmã mais velha. Porém, mamãe não aguentou ficar longe da gente por mais de três dias, e retornou. Ainda consigo ver o rostinho de minha irmãzinha chorando, sentada em uma mesa. Eu também chorava muito.

- Não chora não, Gal... mamãe vai voltar. E ela respondia:

- "Eu quero mamãe, quero mamãe!"

Tudo foi tão intenso e doloroso para mim que, pelo resto da minha infância e por parte da minha adolescência, eu morria de medo de ficar sem minha mãe. O mais intrigante é que as histórias se repetem. Eu também já abandonei meus filhos em algum momento da minha história. Vários comportamentos, bem como determinados padrões da nossa família, se repetiram sistematicamente nas gerações futuras, e não foi diferente na vida dos meus irmãos. Principalmente na dos mais velhos, infelizmente!

Minha avó paterna, por exemplo, era uma pessoa muito dura. Não tenho sequer uma boa memória com ela, nenhum tipo de gesto de carinho, apenas maus-tratos. Receber visitas em casa sempre era algo prazeroso, mas, quando minha avó chegava, começava o nosso inferno porque ela era uma dessas mulheres ranzinzas, puxava as nossas orelhas, sem qualquer razão, e gostava de nos colocar de castigo de joelho sobre o milho. Um dia estava no quintal escovando meus dentes com folha de goiabeira, quando ela me chamou:

- "Dorinha, venha cá... venha cá ligeiro! Tem um bichinho no seu cabelo.

Fui toda assustada, já gritando porque eu tinha medo de bicho. Quando cheguei perto, ela agarrou meus cabelos com toda a força. E pisou no meu pé com um tamanco de madeira, rodando o salto. O motivo? Eu estava descalça no quintal. Até hoje, tenho a marca em meu pé. Eu sei que ela estava fazendo aquilo para me proteger, porque nosso quintal era imundo, já que minha mãe criava porcos e galinhas e minha avó não queria que eu pegasse bicho-de-pé ou outros tipos de verminoses. Mas não precisava me ensinar daquela forma tão malvada, né?

Uma das maiores perversidades que minha avó fez foi com minha irmã Gal, que sempre urinava na cama. Já havíamos tentado de tudo, e nada funcionava.

Então, desta vez, aproveitando que mamãe havia saído, minha avó chamou a minha irmã para a frente da casa, enquanto segurava uma lata nas mãos. Quando Gal se aproximou, ela pegou uma corda e a prendeu na árvore, abrindo as suas pernas e as amarrando de maneira que ela não conseguisse fechá-las. Segurando uma faca ameaçava cortar "as partes íntimas" da menina e colocar o sapo lá dentro, para que ela nunca mais ousasse fazer xixi na cama. O sapo se remexia dentro da lata enquanto Gal gritava, pedindo:

- "Não, vovó. Não, vovó, por favor. Socorro!"

Olha, eu te digo, fiquei tão apavorada! Gal jurava que nunca mais ia fazer xixi na cama, e implorava para minha avó parar, mas não adiantava. Não sei ao certo como tudo aquilo terminou, se alguma vizinha veio ou outra coisa aconteceu, mas jamais esquecemos aquele dia.

Gal não foi mais a mesma. Nunca mais sorriu com alegria verdadeira e tornou-se uma pessoa muito introspectiva. Teve vários problemas de saúde, coração, fibromialgia e artrite.

Minha avó morreu quando eu tinha dez anos e, poucos dias depois, passei a ter pesadelos. Comecei a ter depressão nesta idade. Chorava dia e noite, não dormia e não tinha apetite algum. Minha mãe me levou ao médico, e ele me receitou um remédio, mas não resolveu. Uma vizinha sugeriu que me levassem em um médico do Centro Espírita.

No começo, minha mãe não aceitou, pois era evangélica e acreditava que Espiritismo era coisa do diabo. Com insistência, a vizinha a acabou convencendo. O médico, disse que ia pedir uns exames de sangue, mas sabia que eu estava com algum problema espiritual e recomendou que eu recebesse "passe". Minha mãe explicou sobre sua crença, que, como cristã, não poderia fazer estas práticas, mas ele insistiu:

- "A Senhora vai para casa, e pense se quer salvar sua filha. E então, a traga para receber os "passes", porque o remédio não vai adiantar".

Os dias passaram e nada de melhora. Inclusive, voltamos ao primeiro médico, que prescreveu mais um medicamento e informou que, se não funcionasse, a única solução seria a internação em algum Hospital Psiquiátrico.

Piorei muito e comecei a sair correndo aos gritos pelas ruas. Na tentativa de me conter, minha mãe me deixou sem roupas, acreditando que eu teria vergonha de sair daquele jeito. Não adiantou! Já tinha perdido muito peso porque não me alimentava, tamanha era a tristeza que eu sentia.

Acabei sendo levada ao Centro Espírita e, chegando lá, fui atendida por uma senhora de cabelo grisalho, chamada "tia Mayara". Ela me levou a uma sala, me colocou sentada e pediu que eu fechasse os olhos. Como estava muito desconfiada, espiei com os olhos semicerrados e vi que ela estava com as mãos estendidas. Ela pediu que eu relaxasse e, quando menos esperei, senti como se estivesse suspensa no ar, voando. Eu me via sentada na cadeira e ao mesmo tempo flutuando na sala. Foi uma experiência incrível!

Comecei a rir porque achei aquilo tudo muito divertido, até que, depois de um tempo, parecia ter despertado de um sonho. Quando "tia Mayara" me liberou, fui toda feliz ao encontro da minha mãe e contei a ela tudo que aconteceu. Ela também ficou feliz! Quando chegamos em casa, eu já estava com o apetite restabelecido. Depois de alimentar-me bem, senti muito sono, descansei a noite inteira, tranquilamente. No Centro Espírita, nos disseram que era o espírito da minha avó que estava me "obsidiando". Depois disto, minha mãe e eu começamos a frequentar o Centro e consequentemente fomos proibidas de ir à Igreja Evangélica.

No Centro, recebemos a ajuda com material de construção. E foi assim que mamãe terminou de fazer a tão sonhada casa com as suas próprias mãos. Começamos a receber uma cesta básica todos os meses e mamãe passou a ser voluntária da creche, ajudando a fazer a merenda.

A "tia Mayara" até conseguiu um emprego para a minha mãe em uma empresa. Ela passou a ganhar um salário e isso fez meu pai se exaltar ainda mais, exigindo que ela saísse desse trabalho. Mas, minha guerreira não cedeu; bateu o pé e continuo trabalhando.

Algum tempo depois, teve que sair devido sua doença do coração. E só voltou a trabalhar quando eu já estava mocinha. Um dos meus cunhados era vereador e lhe conseguiu uma vaga de zeladora, na mesma escola em que eu estudava. Nesta época, a nossa vida começou a melhorar muito. Graças à Deus!

9 O MILAGRE CHAMADO PERDÃO

Eu acredito que o perdão é um milagre que todos nós somos capazes de criar. Mais do que um sentimento, é uma prática diária. Às vezes, alguém pode lhe pedir perdão e você concedê-lo, com sinceridade. Então, quando aquela mesma pessoa volta a fazer algo contra você, automaticamente, aquelas memórias do que já havia sido perdoado retornam à sua mente. Logo, é preciso decidir perdoar novamente.

Uma boa maneira de exercitar o perdão é através da oração. E aqui eu falo por experiência própria. Você já sabe, à essa altura, quantas situações eu vivi em minha infância. E muitas vezes imaginei ser impossível perdoar. Eu dizia:

- Meu Deus, eu não vou perdoar nunca!

Me lembrava que perdoar não é esquecer, e me sentia capaz. Vamos sempre nos lembrar do que fizeram conosco, mas perdoar é abrir mão da mágoa, do desejo de vingança e da vontade de dizer coisas horríveis para quem nos magoou. O perdão diário limpa nossos corações.

É como quando uma camiseta branca é manchada com petróleo, aquela mancha negra é difícil de remover. Você vai lavar a camiseta, mas não conseguirá retirar toda a mancha na primeira lavagem. Vai, então, usar cloro e todo tipo de material de limpeza para alvejar, até que, aos poucos, a ela vá clareando. Carreguei uma mágoa muito grande do meu ex-marido por tantas coisas que ele me fez. Até que aprendi oração do perdão. Comecei a repeti-la centenas de vezes no mesmo dia.

"Eu te perdoei e você me perdoou. Eu e você somos um só diante de Deus".

A verdade é que eu me sentia horrível! Não fazia sentido fazer uma oração daquelas, com o coração cheio de dor. No entanto, eu fazia porque acreditava que algo ia mudar. Hoje, tudo que lembro sobre meu ex-marido é que ele é o pai dos meus quatro filhos e penso nele como se fosse a história de outra pessoa. Não sinto mais a menor mágoa ao falar dele.

Assim, também perdoei meu pai por todas as coisas que praticou. Entendi que ele não fez porque era uma pessoa ruim, mas porque possuía traumas de infância e, além disso, era um homem adoecido pelo alcoolismo. Também perdoei meus irmãos. Apesar de, sinceramente, ainda sentir alguma rejeição pelo mais velho, uma rejeição física, que não sei explicar. Meus outros irmãos também me agrediram, mas eu não sinto mais nenhuma mágoa. Até brincamos e gargalhamos quando nos lembramos das nossas histórias.

Estava assistindo a um programa na TV americana que se chama "60 Minutos". Aquele episódio falava de uma mulher judia que foi presa na Segunda Guerra Mundial. Ela foi levada a um campo de concentração, e sofreu muito, junto com sua irmã, pois foram entregues nas mãos de cientistas que faziam experiências terríveis. Ela contou que, apesar das muitas consequências na sua integridade física, e principalmente na saúde de sua irmã, conseguiu perdoar aqueles homens. Praticou tanto o perdão que conseguiu realmente perdoar. E, no dia em que perdoou, sentiu o desejo de procurar um deles. Para a sua surpresa, ele ainda estava vivo. Ao encontrá-lo descobriu que, assim como ela, aquele homem também viveu anos de tormentas causadas por remorso, por tudo que tinha feito, não apenas com ela, mas a outras pessoas também. Foi uma história incrível, e fiquei muito sensibilizada ao ouvi-la.

Outra coisa que também me impressionou muito foi ler sobre Nelson Mandela, no período do Apartheid.

Como Mandela perdoou um dos seus carrascos, que foi inclusive considerado um dos piores do mundo. E quando se tornou Presidente da África do Sul, contratou seu antigo algoz como seu primeiro segurança. Sinceramente, não sei se eu conseguiria tanto, mas é por isso que eu digo: "O perdão não é um milagre instantâneo. É um milagre que você cria". O amor, você constrói. E o mesmo acontece com o perdão. Você constrói, o praticando diariamente.

A maior lição que eu aprendi na minha infância foi que o amor e o perdão são os únicos remédios. Para que a gente possa superar, primeiro tem que perdoar. Depois, tem que amar a si próprio e, por fim, amar o passado e as pessoas que fizeram parte dele. Passei por coisas piores do que contei neste livro, e digo com toda verdade: antigamente abominava as pessoas que me feriram. No entanto, aprendi que primeiro você tem que perdoar a si mesmo e, então, ser capaz de perdoar a quem abusou ou fez mal a você.

Veja bem: perdoar não é aceitar o que aquela pessoa fez ou faz. Não é isentá-la das consequências dos seus atos. Todos nós pagamos pelos nossos erros. Quando você perdoa, você se liberta, e esta é uma das coisas mais incríveis do Universo!

Porque Jesus nos ensinou o perdão e o amor, e isso é a base de tudo para mim. Eu não sou psicóloga, intelectual ou filósofa. Sou uma pessoa que sofreu e sentiu na pele todo tipo de desencanto e que hoje sabe sobre o amor e o perdão. E acredite: são as únicas coisas que vão verdadeiramente te curar e te libertar!

10 AS AVENTURAS DO PRIMEIRO AMOR

Durante a minha adolescência acreditava que já tinha vivido muito. Apesar do medo que tinha dos meus irmãos, tive alguns namoradinhos e vivi algumas aventuras, como pegar carona com desconhecidos, com minhas amigas. No exato dia que completei quinze anos, estava muito triste!

Meu pai tinha me prometido, desde criança, fazer uma linda festa e me presentear com um anel de brilhante. Alimentei aquele sonho por anos, mas, quando chegou o momento, não tínhamos dinheiro nem para comprar um picolé.

Todas as minhas amigas tiveram uma festa, então, vocês podem imaginar como me senti. Foi, então, que minha amiga Jaciara teve a ideia de reunir outras amigas e, juntas, pegarmos o trem até a Estação da Calçada.

Como lá passava muita gente voltando do trabalho, poderíamos pedir alguns trocados, ou seja, "esmola". Só sei que conseguimos juntar alguns "cruzeiros" naquele dia. E retornamos para Estação de Periperi, onde eu estudava.

Minha paquerinha na época, e o namorado da Jaciara, nos encontraram e fizemos nós uma comemoração! Sentamos à mesa de um bar e compramos vários acarajés. Começamos a beber e, como eu não tinha o hábito de consumir álcool, acabei ficando de pileque. Cheguei em casa já tarde da noite, e minha mãe ficou chateada porque logo sentiu o cheiro da bebida.

Expliquei para ela que minha amiga tinha feito uma "festinha" surpresa para mim e que havia bebido só um pouquinho de licor.

No outro dia, fui trabalhar e ganhei um vestido lindo da Dona Ana, minha "patroa". Na época, eu usava essa "expressão", mas hoje não gosto. Me remete ao tempo da escravidão. Era um dia lindo de sol, em novembro de 1977, dia Proclamação da República, um feriado. Agenor, filho da minha vizinha, uma senhora muito respeitada no bairro e comadre de mamãe, uma pessoa que eu adorava, me convidou para um passeio na Praia de Itacimirim, fora de Salvador.

Como ele também era respeitado, pois trabalhava e estudava, pediu diretamente à minha mãe, e ela deixou. Mal podia imaginar que, nesse passeio, eu conheceria, o meu primeiro príncipe encantado. Ele depois virou "sapo", mas naquela época ainda seria "príncipe".

A excursão saiu do bairro de Castelo Branco, com muitas pessoas divididas em dois ônibus. Foi pura alegria! Cantamos várias marchinhas de Carnaval e eu lembro de me divertir demais em uma das músicas.

"Se a canoa não virar, olê olê olá/Eu chego lá/ Rema, rema, remador/ Quero ver de perto, meu amor..." (Antônio Almeida e Oldemar Magalhães - Marcha do Remador/ Até o Luar, 1964, Gravadora: Columbia).

Um dos primos do Agenor era o Carlinhos, e estava me aguardando neste passeio. Ele era doido para namorar comigo, minha mãe até gostava dele, mas eu não sentia nenhuma atração, tinha-o apenas como amigo, mas para ser sincera, gostava dele paquerar-me. Naquele tempo, era uma garota linda, cabelos encaracolados, usava lencinho na cabeça estilo hippie, que era moda. Também calça boca de sino, colares no pescoço, brinco largos. Eu era a "top" do meu bairro, na minha idade, bem descolada, com um bom papo. Fazia o tipo rebelde e não estava nem aí para nada.

Meus amigos e minhas amigas me adoravam, especialmente, porque eu já trabalhava, quando era bem difícil para as moças conseguirem trabalho. Apesar de não ter concluído a 5ª série, como gostava muito de ler, sempre tive uma boa conversa.

Naquele dia em especial, no meio da tarde, encontrei o Carlinhos, que estava acompanhado de um amigo de nome Washington. Nos apresentamos e ele foi logo dizendo:

- "Você é a tão famosa, Dora! Carlinhos tem razão, você é linda mesmo!"

Fiquei sem graça, mas meu ego foi às alturas. Ele não parou por aí:

- "Como é possível? Uma belezura dessas estar sem namorado?".

Além de responder que ele não conhecia meus irmãos, senão saberia bem o motivo, eu disse que tinha namorado sim, que ele era marinheiro e estava de plantão. Ele disse com segurança:

- "Então, ele já perdeu, pois a partir de agora eu quero ser seu namorado. Vou sempre estar junto de você, nunca vou deixar uma garota tão linda assim sozinha".

Então, perguntou ao Carlinhos se poderíamos dar uma volta. Carlinhos deixou ao meu critério e, como naquele dia eu já tinha quase me afogado, queria distância do mar. Caminhamos juntos, conversando muito e, depois, com carinho ele me convenceu a entrar na água. Brincamos muito! Nos beijamos, e eu gostei, à essa altura, eu já estava toda interessada, pois ele era divertido, muito carismático e inteligente.

Pensei de imediato em terminar com o Luiz, que embora fosse lindo, alto, pele bronzeada, cabelos pretos, forte e com olhos penetrantes, era muito ciumento. Além do mais, as carícias do Washington eram incríveis.

Nos despedimos naquele dia tão maravilhoso e ele me deu o telefone de sua residência, para que a gente combinasse de ir ao cinema. Fui para casa já pensando nele.

- Será que ele tem namorada? - tinha esquecido de perguntar.

Logo na segunda-feira, terminei com o Luiz. Disse a ele que conheci outro e ele ficou muito zangado e me ofendeu dizendo:

- "Fruta madura na beira da estrada ou é podre ou está bichada". fiquei com tanta raiva que acabei dando um tapa no seu rosto.

Me encontrei com Washington e, no cinema, nossa paixão se confirmou. Tanto que ele já queria conversar com meu pai sobre nossa relação. Eu contei a ele sobre meus irmãos, e adverti que era melhor que a gente se encontrasse escondido. Em um primeiro momento, ele aceitou, mas, já no sábado à tarde, foi lá em casa e pediu a minha mão em namoro, como era costume na época. Meu pai entrou no quarto e voltou com o facão o colocando para correr. Eu fiquei com vergonha e medo de que ele não quisesse mais me ver.

Na segunda, lá estava ele, parado na porta da minha escola, me esperando, todo apaixonado. Incansável, no sábado seguinte ele foi novamente enfrentar meu pai, que nesse dia, graças à Deus, estava mais disposto para conversar. Washington logo encheu papai de elogios e assim o encantou.

Quando meu irmão chegou, já foi logo chamando para briga, mas como Washington era carismático e com uma diplomacia incrível, acabou conquistando todo mundo: meu pai, minha mãe, meus irmãos e irmãs. Meu pai logo advertiu:

- "Olhe, vou logo te dizer que aqui em casa é desse jeito: três meses para namorar, três meses para noivar e três meses para casar".

Meu pai quis logo conhecer a família dele e, mesmo constrangida, porque a minha casa era muito pobrezinha, os pais dele vieram.

Por coincidência, o pai de Washington tinha trabalhado no mesmo lugar que o meu pai e os dois já se conheciam. Era o que faltava para que papai gostasse ainda mais desse namoro. Em dezembro, saí da casa onde trabalhava como doméstica e arrumei outro emprego, nas Lojas Brasileiras da Avenida Sete de Setembro, no centro comercial de Salvador. Como só tinha quinze anos, trabalhava apenas no turno da manhã, com carteira assinada.

Lembro que meu trabalho ficava ao lado de uma distribuidora de discos. Quando saía do serviço, como não tínhamos radiola em casa, sempre passava por lá para ouvir música.

Fiz amizade com dono e também com os vendedores. Vez ou outra até ajudava na loja. Adorava organizar as prateleiras. Na véspera do Natal, comprei dois LPs para dar de presente ao Washington e o "Seu Tony", o dono da loja, fez um bom desconto para mim. Foi um tempo maravilhoso! Me senti amada pela primeira vez em minha vida.

Como não nos encontrávamos durante a semana, trocávamos cartas de amor cheias de poesia. Conforme o relacionamento ficou mais firme, minha mãe começou a liberar mais, deixando-me passar finais de semana na casa dele ou que ele viesse passar os fins de semana em nossa casa. Nossa relação era tão linda, tão maravilhosa, que todas as meninas da vizinhança tinham inveja. Quando fizemos dois anos de namoro, meu pai o mandou decidir-se! Foi quando ficamos noivos. Ele com dezoito anos e eu com dezessete.

Levei a irmã dele para trabalhar no mesmo local que eu, e nos tornamos muito amigas. Um dia, enquanto ouvíamos música, Washington sugeriu de abrirmos a nossa própria loja de discos. Conversamos sobre as possibilidades e, como não tínhamos dinheiro, ele deu a ideia de sairmos dos nossos empregos e, com dinheiro da rescisão, alugarmos um ponto comercial.

Imaginamos que o dono da loja que eu ajudava poderia vender os discos em consignação e pagaríamos com a própria venda dos LPs. Uma das irmãs mais velhas de Washington era proprietária de dois pontos comerciais, um era uma Bomboniere e outro ainda estava sendo construído para alugar. Ela aceitou deixar que pagássemos um valor menor, já que o local estava ainda sem o acabamento. Como meu cunhado era carpinteiro e construtor, fez as prateleiras e o reboco, também por um preço camarada.

O dono da distribuidora de discos aceitou a proposta de consignação, desde que algum responsável assinasse uma nota promissória. Como minha mãe mal sabia escrever o próprio nome, foi a mãe do Washington quem assinou. E a loja também ficou registrada no nome dela. E, foi assim, que abri o meu primeiro negócio, minha primeira "Loja de Discos".

11 MEU PRIMEIRO CASAMENTO

Inauguramos nossa loja em uma sexta-feira à noite. Vendemos muitos discos neste dia e decidimos abrir as portas no sábado e no domingo também.

Foi um sucesso porque nossa loja ficava ao lado de um ponto de ônibus e tinha muito comércio próximo, então, todos que desciam dos ônibus ouviam o nosso som e logo vinham comprar discos. Vendemos tanto naquele primeiro final de semana que, na segunda-feira, a loja já estava sem estoque e precisei buscar uma nova remessa em consignação.

Voltei com todo o dinheiro que tinha investido na primeira compra, paguei as promissórias e peguei mais discos. Como paguei de imediato, mesmo sendo menor de idade, ele permitiu que eu mesma assinasse a promissória. Tudo seguiu muito bem nos primeiros seis meses. Então, tivemos a ideia de abrir um novo local de vendas. Para a filial, escolhemos mais um ponto no fim de uma linha de ônibus, na Fazenda Grande do Retiro 1, bairro de Salvador, perto do centro da cidade.

Embora fosse um bairro pobre, era muito movimentado. Nossa loja ficava ao lado de um açougue e de uma livraria. Foi nesta livraria que eu conheci minha melhor amiga e a melhor pessoa do mundo! Ela deu muita força para que a gente pudesse alugar esse local, pois o açougue ao lado exalava mau cheiro e atraía moscas. Torceu muito e ajudou a gente com o dono do ponto, até que conseguimos.

Só precisávamos pintar e colocar prateleiras. Fiquei responsável pela loja de Castelo Branco e Washington pela loja de Fazenda Grande, porém, a gente precisava registrar esta nova loja. Já que a mãe dele tinha registrado uma, não poderia registrar a outra. Começamos a considerar um sócio.

O irmão do Washington era uma pessoa que eu gostava muito e, como trabalhava na Petrobras, era visto como um cara com recursos. Ele, então se ofereceu para ser nosso sócio, mas queria entrar apenas com o nome, não com dinheiro.

Achei um absurdo, pois a gente abriu nossa loja com tanto esforço e, quando começávamos a ter lucro, ele queria ser nosso sócio, sem investir financeiramente. Como ninguém da família do Washington concordou comigo, acabei ficando com um problema em nosso relacionamento.

Começaram a achar que eu queria jogar um irmão contra o outro. A mãe dele implicou e foi tanta fofoca que o Washington terminou o noivado comigo. Estava tudo bem arrumadinho para nosso casamento. Papai havia vendido uma casa que ele tinha e me deu o dinheiro para comprar os móveis do quarto e da sala. E, com o meu salário, eu já havia comprando o enxoval.

Ele acabou tudo, alegando que não dava mais, pois nossas famílias eram muito diferentes socialmente e que eu era muito ciumenta.

Eu estava realmente muito apaixonada. E usei este amor como argumento, mas ele me disse:

- "Dorinha, você vai me esquecer. Você é uma menina inteligente! Você é linda!"

Eu fiquei muito mal, arrasada mesmo. E a vergonha? Nossa! Que decepção! Sem saber o que fazer com aquele amor todo, me entreguei à tristeza e caí em depressão. Só ficava na cama, não comia e acabei pegando uma pneumonia.

Mamãe ficou cuidando de mim, e minhas amigas vinham me visitar. Precisei de dois meses para conseguir me curar e voltar, aos poucos, a sair com as minhas amigas. Teve um dia que aconteceu uma festa no Clube de Paripe e, minha mãe me deu um dinheirinho para eu ir assistir ao show do Ronnie Von. Como o valor não dava para comprar o convite, fomos a pé para o Clube. Andamos uns cinco quilômetros para economizar e ainda aventurar alguém que nos desse os ingressos do show.

Ainda no caminho, fui atropelada por uma bicicleta. Como vinha passando um carro, eu caí em cima do para-choque, rolei e caí no chão. Meus braços ficaram arranhados, o rapaz saltou do veículo e veio me socorrer. Ele queria me levar ao posto médico, e entramos no carro, minhas amigas e eu. Aos poucos, fui me acalmando e disse a ele que não precisava me levar no posto de saúde. O homem então perguntou:

- "O que vocês estão fazendo, essas quatro mocinhas sozinhas na rua, à essa hora?"

Como eu era a mais falante do grupo, contei logo toda a verdade:

- A gente veio para o show do Ronnie Von, mas não temos dinheiro e queria arrumar alguém para pagar nossos ingressos.

Ele se interessou em ir à festa conosco, e pediu apenas que esperássemos ele passar em casa para trocar o terno e gravata por uma roupa adequada, pois estava vindo do trabalho. Perguntei aonde morava, ele disse que era em um bairro nobre de Salvador. Eu desconfiei. Mas, ele me garantiu que não estava mentindo. Resolvemos ficar na porta do Clube, lhe esperando. O show só ia começar às 21h e ainda eram 19h30.

Muitos rapazes ficaram paquerando a gente na porta, nos convidando para entrar. E a gente só enrolando, pois eu insistia em esperar o Kiko, este era o seu nome. E ele voltou mesmo! Que felicidade ver aquele homem tão educado retornar para levar a gente no Clube. Comprou os ingressos e também bebidas para todas nós. Foi uma noite maravilhosa!

Quando o show acabou, nos levou de volta para casa. Perguntou aonde eu estudava e falou que voltaríamos a nos encontrar. Mas no dia seguinte, não apareceu! Mais de um mês se passou, e eu estava na casa da minha irmã, quando recebi o telefonema da minha amiga Vânia, dizendo:

- "Dorinha, você não sabe quem tá aqui! Apareceu louco para ver você!"

Era o Kiko. E, através dela, marquei de encontrar-me com ele. Começamos a sair, e depois a namorar. Embora não estivesse apaixonada, gostava dele porque era um cara refinado. Tinha trinta e três anos, eu dezessete. Ele estava apaixonado, mas eu não tinha certeza sobre suas intenções. Ele me respeitava, mas teve uma vez em que pegou nos meus seios, fazendo carinho, mas nada além disto. Como não estava muito envolvida, me senti constrangida. Íamos a vários lugares bacanas, e eu adorava!

A primeira vez em que eu fui em um restaurante chique, jamais vou esquecer! Ele mesmo me deu dinheiro para comprar uma roupa adequada, e foi um vestido preto bordado na frente, de alcinha e longo, bem sexy! Íamos a vários shows e me sentia como uma princesa. Como estava realmente interessado, pediu para ir conversar com minha mãe, mas ela não gostou nada dele. Achou muito velho para mim.

E, como havia saído há pouco tempo de um noivado, não concordou com o namoro. Continuamos nos encontrando escondido. Como ele era superbacana comigo, eu até faltava aula para ficar com ele, mas ele me dizia:

- "Olhe, Dora, eu quero que você estude, porque eu estou namorando sério com você, mesmo que sua mãe não aprove. Eu quero que você estude porque eu tenho planos de ir embora para Santa Catarina e de levar você comigo. Então, a gente só vai sair depois da escola. Você vai para escola e eu fico te esperando aqui, na porta do seu colégio".

Todo o dia, quando saía do colégio, ele estava lá, me esperando, como se fosse um Anjo na minha vida. Um dia destes, dei de cara com o Washington. Não pensei duas vezes: larguei ele lá e entrei no carro com o Kiko.

No dia seguinte, encontrei Kiko e Washington conversando. Imaginem o tamanho da minha surpresa?

Meu coração acelerou, mas fiquei chocada mesmo quando descobri que eles haviam chegado em um acordo: eu teria uma semana para decidir com qual dos dois ficar.

Eu ainda estava magoada com o Washington, mas era completamente apaixonada por ele. Combinamos que eu não iria ver nenhum dos dois aquela semana. Kiko também me avisou que iria viajar.

Porém, Washington foi me ver todos os dias e, em uma sexta-feira à noite, a gente parou em um bar, para conversar. Tomamos uma cerveja e ele foi logo dizendo que me amava muito, que não queria me perder, que foi um erro terminar comigo. Me contou que o irmão o havia roubado na sociedade e que teve que fechar as duas lojas. O que me deixou muito triste, eu ainda tinha esperança de voltar a trabalhar nelas.

Durante a nossa conversa, havia tanto amor! Ele prometeu que a gente iria se casar e que ele seria o melhor marido do mundo. Fomos passear na praia, nos beijamos e a paixão reacendeu!

Durante nosso namoro de três anos, já tínhamos ido a um motel, mas nunca havia "rolado" nada, além de uns "amassos". Nesta noite foi diferente! Aconteceu ali mesmo, na areia da praia.

Fizemos "amor" com tudo o que tínhamos direito! Sem perder tempo, Washington foi comunicar a minha mãe que a gente tinha reatado o noivado. Mamãe não gostou, pois tinha muita mágoa por tudo que ele me fez sofrer. Ela não queria de jeito nenhum que a gente reatasse, mas a gente voltou! Papai deu muito apoio porque gostava dele.

Dois meses depois, descobri que estava grávida daquela nossa primeira noite e fiquei desesperada. Contei para o Washington que minha menstruação estava atrasada e fomos ao médico, que confirmou a gravidez.

A irmã dele, a mesma que nos alugou o ponto comercial, foi a primeira pessoa para quem contamos. Decidimos casar, antes da barriga começar a aparecer. Sem saber da gravidez, mamãe não queria que eu casasse. Meu pai foi a favor, pois seu medo era exatamente que eu engravidasse.

Washington explicou à minha família que tinha arrumado um emprego em Recife e que íamos mudar para lá, logo após o casamento. No dia 20 de julho de 1980, eu me casei!

12 NASCIMENTO DO MEU PRIMEIRO FILHO

Como era pobre, não tinha dinheiro para fazer uma festa de casamento, mas minha cunhada era uma doceira maravilhosa, e fez todos os doces e salgados, além da decoração completa. Minha irmã mais velha, que era casada com um advogado e vendia roupas que comprava em São Paulo e no Rio de Janeiro, me presenteou com o vestido de noiva.

Como ninguém sabia que eu estava grávida, usava uma faixa para segurar a barriga, além de usar tudo muito apertado, para ninguém desconfiar, mas principalmente para minha mãe não descobrir, pois era capaz de morrer de desgosto. Também tinha muito medo dos meus irmãos, pois eles sempre disseram que se eu engravidasse sem estar casada, eles me dariam uma surra e acabariam com a minha vida e com a vida do pai da criança.

Quando me casei, já estava com três meses e meio de gravidez. No dia do meu casamento, cheguei na igreja já atrasada, mas o Washington ainda não tinha chegado. Então, fiquei com meu cunhado e meu pai no carro um tempão, esperando o noivo chegar. Demorou tanto, que já estava toda suada e me sentindo mal, sem saber o que iria acontecer, pensando que ele tinha me abandonado.

Finalmente, ele chegou, mas estava completamente bêbado, vestido com a camisa branca e um terno azul. Chegou com um amigo, e deixou a aliança cair na escadaria da Igreja. Minha mãe viu a aliança rolando escada abaixo, e disse que naquele momento, soube que nosso casamento não daria certo. Eu não vi nada! Quando Washington chegou, meu coração sossegou e, finalmente, nos casamos.

Nesta gravidez, ele era muito carinhoso e enchia a minha barriga de beijos! Alugamos uma casinha que era da sua irmã, nos fundos da casa dela. Como eu já tinha os móveis do quarto, compramos a geladeira e o fogão. Assim, começamos a nossa vida. Reabrimos a loja de discos, em Fazenda Grande e, depois também, a de Castelo Branco.

E seguimos trabalhando, comprando o enxoval do nosso bebê. Estava muito feliz com meu casamento e tudo ia muitíssimo bem. Ele era muito apaixonado por mim e eu me sentia a mulher mais feliz do mundo, aos dezoito anos, casada, com minha casa. Quando fui contar para minha mãe sobre a gravidez, já estava com um barrigão. Ela chorou muito, disse já estar desconfiada, pois meus seios estavam muito grandes. Tudo ficou bem: ela me abraçou, me beijou e fomos contar ao meu pai, que também ficou muito feliz com a notícia.

Durante a gestação, comecei a ter pesadelos terríveis, com a morte da minha mãe ou do meu pai. Acordava chorando! Eu não sossegava enquanto Washington não me levava para visitá-los, mesmo indo de táxi de madrugada. Ele era um marido super amoroso e atendia a todos os meus pedidos e desejos: acarajé, jaca, cana. De tudo, ele fazia por mim. Já tínhamos um carro e estávamos indo visitar meus pais, quando entrei em trabalho de parto, já no bairro da minha mãe. Eu não sabia o que fazer, pois não estava ainda na hora do bebê nascer. De tanta dor e desespero, fui arrancando minha roupa até ficar nua, no meio da rua. Minha irmã, que também estava indo almoçar com mamãe, chegou e aos poucos as vizinhas também vieram com um lençol para me cobrir. Eu estava desesperada de dor e mordia todo mundo que chegasse perto.

Chamaram por minha mãe, e partimos para o hospital mais próximo. Foi apenas o tempo de entrar na enfermaria para que o bebê nascesse. Quando peguei meu filho pela primeira vez nos meus braços, foi uma emoção quase paralisante!! No outro dia de manhã, acordei me sentindo suja, toda molhada de sangue, com mau cheiro e queria tomar banho antes que chegassem as visitas. Como perdi muito sangue, fiquei muito fraquinha. A enfermeira, sem o menor jeito, mandou que eu parasse de conversa fiada e levantasse para tomar meu banho sozinha.

Chorei muito e nada me fazia parar. Uma outra parturiente, que estava no leito ao lado, ficou com penalizada e fez questão de me ajudar, mesmo estando ela também em recuperação pósparto. Ela me conduzia até o chuveiro, mas eu não resisti e desmaiei. Cai por cima de uma trouxa de roupas sujas de sangue, que estavam no banheiro. As enfermeiras vieram correndo me socorrer, e me colocaram na maca. Eu acabei pegando uma infecção hospitalar.

Comecei a ter dores horríveis e muita febre. Minha mãe, irmãs e cunhadas vinham me visitar, mas eu só sabia chorar, implorando para ir embora. Meu quadro só piorava e as enfermeiras daquele hospital eram terríveis, grosseiras e brutas comigo. De tanto implorar, com medo de morrer naquele hospital, Washington assinou um termo de responsabilidade e me levou para a casa da minha cunhada, para que ela e minha mãe pudessem cuidar de mim. Meu quadro agravou muito, antes de melhorar. Delirava com febre altíssima, mas minha mãe e minha cunhada me trataram com todo o amor. Incansáveis! Jamais vou conseguir agradecer o suficiente.

Meu marido contratou enfermeiras para me aplicar injeções de antibiótico e fazer a limpeza e curativos necessários. Passado um mês, eu consegui melhorar de vez. Ainda amamentei meu bebê por alguns dias, mas logo o leite secou e ele precisou tomar mamadeira. Foi assim, eu e o Washington felizes com nosso filho, que seguimos em paz até que engravidei novamente.

13 NASCIMENTO DO MEU SEGUNDO FILHO

Júnior, meu primeiro filho, tinha apenas dois meses de nascido quando fiquei grávida do meu segundo filho, Raul. Fiquei aflita novamente, pois a reação de Washington não foi das melhores.

- "Caramba! Apenas dois meses que você pariu o primeiro e já ficou grávida do segundo?!" - indagou ele, como se eu tivesse feito tudo sozinha.

- "Fazer o quê, né? Onde come um, comem dois!" - completou.

Resolvemos alugar um apartamento no bairro onde tínhamos nossa loja de discos e nos mudamos de Castelo Branco, para ter mais privacidade. No quarto mês de gravidez, nossa vida começou a desandar. Eu já não ficava tanto nas lojas, pois tinha que cuidar dos afazeres domésticos e do bebê...

Washington era responsável de fazer os depósitos e os pagamentos. Começou devendo o aluguel do apartamento e atrasando outras contas da casa. Como a loja de Castelo Branco já estava falindo, fechamos ela e ficamos apenas com a de Fazenda Grande. Washington já chegava em casa tarde, com cheiro de bebida e o nosso casamento começou a se deteriorar. Ele resolveu vender o carro que tínhamos, comprou outro mais caro e as contas aumentaram.

Washington me convenceu a mudar para Cotos novamente e alugar um lugar próximo da minha mãe, para que eu pudesse ter a ajuda dela e das minhas irmãs, quando nosso segundo filho nascesse. Assim, poderia continuar trabalhando. Eu concordei, apesar de "detestar" o bairro de Cotos. Ele tinha razão: era mais barato e poderia contar com o auxílio da minha mãe e irmãs. No dia da mudança, Washington disse que estava muito ocupado e acabei fazendo tudo sem ele, apenas com a ajuda da minha mãe e minhas irmãs.

Arrumei toda a casa e a deixei bonita e confortável. Nosso relacionamento havia mudado muito. Washington não era mais o mesmo. Não fazia mais carinho na minha barriga, como na gravidez do Júnior, só chegava em casa à noite, praticamente, apenas para dormir. Já não fazíamos amor. Comecei a me sentir mal-amada e consequentemente a rejeitar meu filho, na barriga. Eu estava sempre triste e chorava muito, o tempo todo!

Até que ele começou a dormir fora, só chegava com o dia amanhecendo, com mil desculpas diferentes. Quando estava com seis meses de gestação, Washington chegou em casa pela manhã e disse:

- "Precisamos conversar!" - meu coração acelerou de medo.

- "Olha neguinha, eu quero me separar de você!".

 - "Preciso de um tempo! Quero que você volte para a casa da sua mãe. Eu estou com muitas dívidas, não vou poder pagar o aluguel dessa casa!"

- Você ficou maluco? Como você quer que eu volte para a casa da minha mãe, com um filho nos braços e outro na barriga prestes a nascer? Você sabe o inferno que é a casa dos meus pais?! Neguinho, o que eu fiz? O que está acontecendo? - perguntei, enquanto chorava.

- "Eu não te amo mais! Preciso de um tempo. A gente se casou muito rápido. Não estou com outra pessoa. Estou passando por alguns problemas pessoais e preciso ficar sozinho!"

Chorando muito, eu falei:

- Se você me largar, eu me mato!

Eu não podia viver sem ele. O que eu iria dizer aos meus pais? Nesse momento, Washington começou a revelar um enorme desvio de caráter.

- "Neguinha, você me ama? Você me ama de verdade?" – perguntou.

- Claro que eu te amo! – respondi.

- "Então, você vai dizer a sua mãe que é você que quer separar. Diga que você enjoou de mim. Que enjoou do meu cheiro e que não aguenta mais me ver na gravidez e que vai esperar o bebê nascer para voltar comigo".

- Mas, isso não é verdade! Você quer me largar e ainda quer que eu minta para a minha mãe, dizendo que a culpa é minha? - protestei.

- "Neguinha, mas é só por um tempo. Eu prometo que vamos ficar juntos!"

- Está bem! - aceitei.

Então, ele foi embora, me deixando sozinha, aos prantos. Que dor tão grande! Meu Deus! Todos os meus sonhos foram desfeitos! Meus sonhos de ter minha casa e minha família. Tudo jogado na lama! Olhei para o meu bebê, brincando na cama com a fraldinha que ele havia ganhado. Ele engatinhou para junto de mim e alisou meu rosto com as suas mãozinhas e suas lágrimas desceram, sem que ele emitisse nenhum ruído de choro.

Lágrimas espessas desciam do seu rosto. Aquela cena do meu filho chorando despedaçou meu coração, mas foi o que me deu força para levantar e ter a certeza que eu precisava cuidar dele.

Chamei o dono da casa, expliquei que precisava mudar, pois não tinha condições de pagar o aluguel, entreguei o imóvel e ainda fiquei devendo os dias que já haviam vencido. Cheguei na casa de mamãe cheia de vergonha e tristeza por ter sido abandonada por meu marido. Mamãe me acolheu cheia de amor, mas ficou outra vez com muita raiva de Washington.

- "Como aquele desgraçado teve coragem de largar você grávida? Ele podia esperar que o filho nascesse! Vou acabar com a vida dele quando ele pisar aqui!" - ameaçou.

Meu pai, que gostava muito dele, tentava apaziguar as coisas.

- "Augusta, isso é coisa da juventude. Logo eles vão estar juntos de novo!" – dizia.

Os últimos meses da gestação foram de muito desalento e incertezas. O que eu faria da minha vida? O que eu mais temia aconteceu: outra vez viver aquele inferno, com meu pai bêbado e meus irmãos hostis. Mamãe me aconselhou a voltar para a loja de discos para ver como estava a situação e eu parti para a luta. Quando cheguei, tomei um susto! As prateleiras estavam quase vazias, sem novos discos. Apenas um funcionário, que eu não conhecia. Meu irmão, que trabalhava lá, havia sido mandado embora por Washington, para eu não descobrir o que ele andava aprontando.

Também haviam muitos boletos na gaveta para pagar e vários cheques sem fundo, a maioria no meu nome. Com dezenove anos, eu já tinha conta no banco, e era tão boba e inocente, que deixava o talão de cheques assinados, para que Washington fizesse os pagamentos. Ele fazia compras e pagava as coisas em cheque, mas não depositava o dinheiro para cobrir os cheques.

Eu estava desesperada e fui falar com minha amiga Jô, dona da livraria ao lado da nossa loja. Ela me contou que tinha dias da semana que ele nem abria as "portas". E, quando abria, estava sempre com as meninas do bairro, tomando cerveja. Contei que Washington tinha separado de mim e ela também ficou muito sentida com ele. Estava completamente devastada e perdida! Sem saber o que fazer com a minha vida e com a vida dos meus filhos.

Minha vontade era de morrer! Eu queria perder a criança! Pensava o tempo todo em perder aquele bebê. Por que eu não podia tê-lo. Eu já tinha um filho para cuidar e mais um ficava inviável. Estava abandonada e desesperada! Sem marido, sem lar, morando de favor na casa dos meus pais, sendo humilhada novamente pelos meus irmãos, cheia de dívidas. Parecia que eu não tinha saída!

Minha amiga me contou que a polícia havia ido duas vezes à loja atrás Washington, por causa dos cheques sem fundo. Ela me aconselhou que eu encerrasse as atividades e vendesse tudo para quitar os débitos. E foi o que eu fiz! Tomei a decisão de fechar a loja. Fiz cartazes coloridos anunciando os aparelhos de som, liquidando os LPs e compactos e afixei no Paes Mendonça, na livraria da minha amiga e na minha própria loja. Vendi alguns LPs no dia de fechar e negociei as radiolas com duas pessoas diferentes. Um homem deixou uma garantia para que eu guardasse um dos aparelhos pra ele.

Depois que a loja foi fechada, os discos restantes levei para vender na Feira de Piri-Piri, na Suburbana. Cheguei à feira com uma mala cheia de LPs e compactos, e uma pochete presa à cintura com alguns trocados dentro. Estendi o lençol no chão, espalhei os discos e comecei a bater palmas!

- Vem com a sacola e o dinheiro, freguesia! Com esse disco novo do Roberto Carlos, seu marido hoje vai se apaixonar de novo! Olha, tem axé, tem pagode... – gritava, com um barrigão. Cheia de vontade de lucrar.

Acho que vendi uns trinta discos e voltei pra casa feliz. E continuei vendendo os discos na feira, até que na segunda semana, chegou um vendedor de pimentas que me mandou sair, pois o ponto era dele.

- Como o ponto é seu? Se não tem ninguém aqui desde que eu cheguei, há duas semanas?

- "Eu não vim trabalhar nos últimos dias, mas o espaço é meu. Pode catar suas coisas e sair!" – falou.

- Não saio! Eu estou trabalhando aqui há duas semanas e o passeio é público. Não vou sair!

Ele ficou furioso e sacou uma faca, ameaçando me cortar. As pessoas apenas olhavam, sem fazer nada. Eu não sei de onde eu tirei coragem, mas disse:

- Então, venha, seu filho da puta! Seu corno! Venha, se você for homem! – eu o enfrentei, louca e sem saber onde eu estava me metendo.

- "Sua quenga, hoje é o seu dia!" – ele disse, me olhando e caminhando para trás.

- "Fique aí!"

Naquele dia, eu escapei! Estava protegida por "Anjos", pois as pessoas que estavam lá nada fizeram. Uma mulher se aproximou de mim e alertou:

- "Você é doida?! Esse homem já foi preso várias vezes por se envolver em brigas e por esfaquear pessoas. Ele é louco! Se você tem amor à vida, não venha mais!"

Fiquei com muito medo! Juntei as minhas coisas e fui embora. Quando cheguei em casa e contei à minha mãe. Ela se apavorou!

- "Minha filha, Deus está com você, sempre. Mas não devemos tentar o inimigo!"

Chorei muito imaginando o que seria do meu filho, se eu morresse. Na segunda-feira, eu já estava toda arrumada, e parti para o bairro do Comércio, no Centro da cidade.

Eu saí de "porta-em-porta", pelos bancos, oferecendo os discos para os funcionários. Essa estratégia foi até melhor. Pois vendi todos os discos com um preço maior do que na Feira. Consegui vender tudo! Os aparelhos de som, os LPs e os compactos. Fiz um bom valor! O equivalente a dez mil reais, nos dias de hoje.

Paguei todas as dívidas, cobri todos os cheques sem fundo e quitei os carnês das coisas que eu havia comprado para a casa. Com o dinheiro que sobrou, fiz um plano: iria comprar o enxoval do neném e mantimentos para os próximos dois meses, até arrumar um emprego, depois que o bebê nascesse.

Quando soube que vendi todas as coisas da loja, Washington veio atrás de mim, cheio de falso amor, para saber do dinheiro. Eu estava pronta para sair, indo almoçar na casa da minha irmã. Ele chegou alisando e beijando minha barriga, perguntou para onde eu iria. Não respondi, apenas perguntei se ele já sabia que eu havia vendido as coisas.

- "Soube que você vendeu meus aparelhos de som, sem me consultar" – ele respondeu.

 - "Só espero que você saiba que eu tenho dívidas para pagar e preciso desse dinheiro".

Então, ele começou a dizer que estava me procurando para pedir perdão.

- "Eu estou com muitos problemas e não queria lhe afetar, por isso te pedi um tempo. Agora vai ficar tudo bem!" - ele afirmava.

– "Se você e seus pais me quiserem aqui, eu vou na casa da minha mãe buscar as minhas coisas e venho hoje mesmo. Nós vamos ficar juntos novamente e vamos criar nossos filhos!"

 Eu fiquei cheia de alegria, mas mamãe logo foi dizendo:

- "Dorinha, não caía nessa, não. Ele veio aqui por causa do seu dinheiro. Que trabalho, nada! Que casa, nada! Você foi tantas vezes na casa da mãe dele e ele nunca está lá!"

- "Eu estou lá, sim, dona Augusta!" - ele respondeu.

– "É que eu estou sempre procurando emprego, mas minha mãe me dá o recado. Às vezes, eu tô na casa do meu irmão".

E continuou mentindo para mim e para a minha mãe. Sentou com meu pai, que foi colocando panos quentes.

- "Deixa, os meninos se entenderem, Augusta! Isso foi briga boba!" - falava.

- "Briga boba, nada! Ele abandonou sua filha grávida!" - ela respondia.

– "Dora, ele veio aqui pelo dinheiro. Não dê seu dinheiro a ele, minha filha, pau que nasce torto, vai morrer torto. Esse vagabundo quer o dinheiro que você tanto batalhou pra ganhar!"

- "O que é isso, dona Augusta?! Assim a Senhora me ofende! Eu amo a sua filha e estou aqui por ela e pelos meus filhos!" - ele foi logo falando.

Meu pai estava sóbrio e se levantou:

- "Augusta, se acalma! Dê graças à Deus que ele voltou." Eles se amam e vão se entender!"

Mamãe, então, virou para mim e disse:

- "Olha Dora! Você pode até acreditar nele, mas se der esse dinheiro para Washington, mesmo você estando grávida, vou te dar uma surra que você vai até parir nesse dia. Não dê um centavo para esse seu marido".

Sabendo que minha mãe não era mulher de mentir, eu jurei que não daria esse dinheiro a ele.

- Juro, pela sua alma! Esse dinheiro não sai da minha mão, a não ser para comprar as coisas do bebê e fazer o supermercado.

Washington se defendia:

- "Não se preocupe, dona Augusta, eu não quero dinheiro nenhum. Só vim aqui pra ver minha mulher e meu filho!"

Então, nós fomos para a cidade juntos. Ele todo carinhoso, dizendo que sentiu minha falta, que queria reaver nossa vida e criar nossos filhos. Me disse que arrumou um emprego no interior, que iria trabalhar viajando e voltaria para casa a cada quinze dias.

Eu fiquei cheia de esperanças, principalmente, quando ele disse que nós iríamos alugar uma casa no bairro Castelo Branco, perto da mãe e da irmã dele. Me garantiu que, a partir daquele dia, pegaria as suas coisas e viria para a casa dos meus pais para ficarmos juntos. Fomos almoçar na casa da minha irmã, que morava no bairro de Brotas. Na hora de sair para as compras, fui ao banheiro e vi que minha calcinha estava manchada de sangue e o chamei.

- Eita, neguinho, acho que esse bebê vai nascer hoje. Minha calcinha está suja de sangue.

- "Vai nada, menina! Você nem completou oito meses ainda!" – ele me acalmou.

- Mas, Júnior nasceu de oito meses! – argumentei.

- "Não tem problema! Se você sentir dor, eu te levo para o hospital" – falou.

- "Acho bom você me dar o dinheiro para não acabar esquecendo. Vai que tenha alguma emergência?!"

- Mesmo que eu sinta dor, tenho que fazer as compras. Pois não tenho fralda, nem roupinhas para o bebê.

- "Neguinha, você tem que confiar em mim! Eu estou indo com você, não estou?

- Washington, eu prometi à minha mãe que não iria te dar o dinheiro!

- "Eu só vou guardar! Com tanto pivete na rua, pode ser que alguém puxe a sua bolsa?" - ele falou.

- O dinheiro não está na bolsa. O dinheiro está no sutiã! - eu avisei.

- "Você é osso duro de roer, Dora!"

Meu cunhado nos deu carona até a Praça da Sé. Atravessamos a rua e estávamos descendo a ladeira, quando passou uma senhora e uma moça e eles acenaram um para o outro.

- "Dora, vá fazendo suas compras, que eu vou ali resolver um problema" – ele me disse.

- "A gente se fala á noite. Eu vou chegar cedo!"

- Mas neguinho, você não ia fazer as compras comigo?! – perguntei, segurando o braço dele.

- "Eu lembrei que tenho que providenciar uns documentos importantes do trabalho" -respondeu.

- Mentira! – eu segurei o braço dele com mais força.

- Eu vi você acenando para aquela mulher! Você está indo atrás dela, seu desgraçado! Você quer me largar aqui? Não está vendo que eu estou sentindo dor de parto? Você é maluco?

- "Que dor de parto? Isso é chantagem para eu ficar te beijando e te acariciando!" – ele gritou.

- "Quer saber? Vá para o inferno! Me larga!" – ele puxou o braço agressivamente e continuou:

- "Você não tem seu dinheiro? Se estiver sentindo dor de parto, pegue um táxi e vá para à maternidade!"

Eu fiquei lá, paralisada! Olhando ele ir embora...

- "Vê se me esquece!" - ainda berrou, atravessando a rua.

Eu fiquei chocada! A dor que eu senti na alma foi tão forte, que eu fiquei ali estarrecida, chorando, sem coragem de sair do lugar. Minha vontade era de me jogar na frente de um carro e acabar logo com aquela angústia. Mas, então, veio na minha cabeça a imagem da minha mãe e do meu filho e eu supliquei:

- Meu Deus, me ajude!

Percebi que estava rodeada de pessoas, certamente "Anjos", e uma senhora me disse:

- "Ele vai te ajudar, minha filha. Nós estamos aqui!"

- "É melhor levar essa dona para o hospital, antes que ela dê à luz aqui no meio da rua!" - um homem falou.

Quando ouvi a palavra hospital, foi como um choque e eu reagi.

- Não, hospital, não! Eu tenho que fazer minhas compras. Ele só vai nascer no final de outubro.

Agradeci a todos e fui caminhando ladeira abaixo, até chegar na Baixa dos Sapateiros, onde antigamente havia várias lojas populares em que eu poderia economizar. Não conseguia parar de chorar! Estava fragilizada, quebrada, sem forças!

Estava muita envergonhada, sentindo pena de mim mesma e culpando minha gravidez. Não parava de pensar em todas aquelas crenças da minha mãe e das mulheres mais "antigas" da vizinhança, que diziam que a mulher depois de dar à luz não ficava como antes. Que a vagina ficava diferente, flácida e, por isso, os esposos arranjavam "outras" mulheres na rua.

Outra crença baseada na ignorância era: que se a esposa não praticasse sexo anal, o marido iria procurar uma "outra" mulher que fizesse. Pensava que era burra demais, que não tinha estudado o suficiente, que era uma fraca e que não conseguiria viver sem ele.

Minha cabeça rodava e assim, entrava nas lojas aos prantos, e as pessoas me ofereciam uma cadeira para sentar, achando que eu não estava me sentindo bem.

- Eu estou bem! Só estou triste!

Comprei tudo o que eu precisava! Até que cheguei ao supermercado. Como eu iria para casa de táxi, pensei: vou levar tudo o que o dinheiro der: doze latas de leite em pó para o Júnior, farinha láctea, feijão, arroz e outras coisas.

Quando eu já estava na fila do caixa, minha bolsa estourou e senti uma contração atrás da outra, até que comecei a gritar:

- Socorro, socorro! Chama a minha mãe. Eu vou morrer!

 Que dor horrível é parir! Pelo menos comigo, doeu muito. O mercado ficava em frente à Feira da Pechincha, que vendia frutas, verduras e todo tipo de velharia e quinquilharia. Foi uma grande confusão! Pois, tenho muita sensibilidade à dor. Eu nem sabia que tinha fibromialgia, por isso a dor em mim é sempre mais intensa, chegando até a me levar ao desmaio.

- Chamem a minha mãe! – eu chorava e gritava.

Enquanto isso, feirantes e fregueses entravam no mercado para saber o que estava acontecendo. Chamaram à polícia e uma ambulância. Eu me agarrei a um corrimão. Estava assustada demais! Sempre que via uma ambulância, era para levar alguém morto. Então, eu achava que ambulância era para socorrer quem já estava morrendo.

Para a minha sorte, uma operadora de caixa pegou minha bolsa e encontrou o telefone da casa da minha irmã, anotado em um papel. Minha irmã morava muito próximo de onde eu estava. Ela chegou em menos de dez minutos, me disse que nossa mãe já havia sido avisada e me convenceu a seguir de táxi para a maternidade, pois eu não queria entrar na ambulância de jeito nenhum. Quando chegamos no hospital, o meu filho já estava praticamente nascendo.

Quando o obstetra veio me mostrar o bebê, ele estava todo preto, cheio de manchas roxas, parecia um monstrinho. E eu gritei:

- Esse não é meu filho! Esse bebê tá morto! O meu filho tá vivo! Eu quero o meu filho!

Eu gritava tanto, que os médicos me deram um sedativo e eu adormeci. Acordei no dia seguinte, com minha mãezinha sentada ao lado da cama, alisando meus cabelos. E, por mais difícil que seja de acreditar, a primeira coisa que eu perguntei foi:

- Cadê Washington? Ele veio me ver?

Ela fez uma cara assustada e respondeu:

- "Veio, sim, filha! Mas, você estava dormindo e ele foi resolver umas coisas do trabalho".

Eu sabia que era mentira e comecei a chorar, enquanto ela me consolava:

- "Não chora, Dora! Pensa no seu filho. Ele está na incubadora, mas está bem! Daqui a pouco, vocês vão pra casa. Júnior está com saudade de você!"

Fui me acalmando, até a enfermeira vir me buscar para ir até o berçário das incubadoras, para amamentar o bebê. Eu fui para casa depois de três dias, mas o meu filho ficou. Só depois de duas semanas é que Washington apareceu, por volta das 20h. Como nós dormíamos muito cedo na casa da minha mãe, ele chegou de mansinho, para não acordar ninguém, mas quando mamãe abriu a porta e o viu, ela olhou pra ele furiosa. Ele foi logo entrando no quarto.

- "Neguinha, o bebê nasceu, foi? Cadê a sua barriga?"

  E minha mãe respondeu de imediato:

- "Já nasceu e já morreu, seu desgraçado! E você é o culpado! Você matou seu filho!" – minha mãe falou com muita raiva.

Washington caiu sentado na cama e chorou copiosamente.

- "O que foi que eu fiz? O que foi que eu fiz?" – ele batia na própria cabeça.

Eu fiquei compadecida, vendo aquele choro tão sentido, e confessei:

- É mentira, neguinho, o neném tá vivo! Ele tá no hospital.

Então, Washington começou a pedir perdão. Disse que estava arrependido, enquanto a minha mãe dizia para ele ir embora e me deixar dormir.

- "Ela ainda está abatida. Está cansada. Só vive chorando por sua causa. Deixe-a descansar!"

Então, Washington se acalmou, deitou ao meu lado e dormiu. No outro dia, pela manhã, ele se arrumou e disse que iria até o hospital ver o nosso filho e que voltaria à noite, trazendo notícias, mas ele não voltou.

No dia seguinte, minha cunhada veio à minha casa e disse que havia estado na maternidade, que o bebê estava bem. Mas que ela estava ali conversar. Queria dizer que o Washington queria voltar a viver comigo, mas que não queria morar na casa dos meus pais porque minha mãe estava enfurecida com dele.

Washington queria que nós ficássemos na casa dela, até eu me recuperar e ele conseguir dinheiro para que nós pudéssemos alugar uma casa. Minha mãe foi contra, mas fui assim mesmo. Minha cunhada é uma pessoa especial, com uma alma nobre. Ele me encontrou na casa da minha cunhada, pediu perdão, novamente, disse que iria ficar tudo bem e, que assim que recebesse o primeiro salário, alugaria nosso canto.

Eu o perdoei porque eu nunca consegui ter ódio de ninguém, muito menos dele. Eu não sei se era amor ou paixão o que sentia. Era uma dependência emocional. Provavelmente, não era amor, era uma doença, uma maluquice da minha cabeça. Não tinha ódio dele. Ficava com raiva na hora, mas logo passava. Então, nós almoçamos, eu estava contente e o bebê sairia do hospital naquele mesmo dia. Minha cunhada foi buscar o neném e estava tudo indo bem. Por volta das 18h, ele tomou banho, se perfumou e avisou que iria sair. Disse que iria ao show de Fagner.

- Também vou! – eu disse.

- "Ah, não vai! Você tem que ficar em casa cuidando dos meninos!" – ele respondeu.

Então, minha cunhada se prontificou a cuidar dos nossos filhos. Ele ainda tentou argumentar, alegando só ter um ingresso, enquanto minha cunhada me encorajava a ir.

- "Vai, Dorinha! Chegando lá, você compra o ingresso na frente do teatro".

 Então, ele levantou a voz:

- De jeito nenhum! Não vai! Vai ficar em casa! Eu sou seu marido e você tem que me obedecer!" – ele não era assim, machista, mas disse isso.

De tanto eu teimar, dizendo que iria, mesmo contra a vontade dele. Ele acabou falando que não iria mais.

- "Você tem razão! Nós estamos resolvendo a nossa vida. Eu vou ficar em casa. Eu quero ficar contigo!"

 Então, depois de alguns minutos, Washington disse que estava indo comprar cigarros. Saiu, atravessou a rua, entrou num táxi e se mandou. Mais uma vez, eu fiquei aos prantos. Minha cunhada não sabia o que fazer. O dia amanheceu, enquanto chorávamos juntas. Às 5h da madrugada, ela disse ao marido:

- "Eu vou acabar agora com essa palhaçada! Dorinha, se arrume e arrume os meninos, que eu vou levar vocês onde Washington está!"

Já imaginando que ela me levaria na casa de outra mulher, eu me arrumei a mais bonita que pude. Minha cunhada com Júnior nos braços e eu com Raul. Entramos em um táxi e fomos parar em um bairro pavoroso. Descemos do carro em frente à uma casa e ela bateu na porta. Um rapaz atendeu.

- É aqui que mora Jane? – ela perguntou.
- Sim.
- Ela está?
- Está no quarto.
- Washington está também?
- Sim.

A casa era pequena, uma salinha e dois quartos, mas eu só lembro do quarto dela, que estava com a porta aberta. Nós fomos entrando e ele estava lá, deitado agarradinho com ela, que estava usando *baby doll*. Eu comecei a gritar:

- É aqui que você está, seu desgraçado! - ele acordou assustado com a minha voz:

- "Neguinha, o que você tá fazendo aqui? Você enlouqueceu?"

Logo a mulher acordou e pulou da cama, perguntando quem eu era. E eu gritava:

- Diga pra ela quem sou eu!

E minha cunhada também falava a ele:

- "Diga quem é ela, seu desgraçado!"

 Washington chorando, confessou:

- "Ela é minha esposa e os dois meninos são meus filhos!"

A menina, que tinha apenas dezoito anos, não sabia de nada. Ela era linda! Pele cor de jambo, corpo bonito e cabelo todo encaracolado. Sentou na cama e começou a chorar.

- "Mas Washington, nós ficamos noivos!" – ela dizia com a aliança no dedo.

Eu descobri que ele fez até festa de noivado com ela. Por isso que ele queria o dinheiro, para bancar à festa. Ele chorava e tentava confortar nós duas. Dizia a ela que iria lhe contar a verdade, e dizia que me amava ao mesmo tempo. Então, minha cunhada pediu que fossemos embora. Enquanto íamos apanhar o táxi, ele veio atrás, vestindo as calças. Eu chorava e ele tentava me convencer a perdoá-lo.

- "Me perdoe, por favor. Me perdoe!" – ele suplicou o tempo todo até chegarmos na casa da irmã dele.

Minha cunhada mandava eu não perdoar.

- "Esse daí não vai mudar nunca!" – ela me alertava.

- "Não se meta!" - ele gritava.

Eu queria acabar com a vida dele, mas estava tão exausta de tudo, que só chorava. E ele me dizia mil coisas:

- "Neguinha, eu ia terminar com ela. Por isso eu te pedi um tempo. Me perdoa!"

Eu só dizia que queria ir embora, mas ele falava que não ia deixar, que iriamos ficar juntos e eu fui me acalmando. Ele já tinha avisado que iria viajar na manhã seguinte. E viajou!

 Prometendo que iria voltar pra gente alugar a nossa casinha. Eu acreditei nele, mesmo depois de tudo! Mesmo depois de ter visto ele na cama com outra! Eu acreditava! Ele era como um "deus" pra mim. Fiquei aguardando o seu regresso. Depois de três dias, chegou um telegrama de Washington. Tomei um susto!

- "Vá pro inferno. Eu não quero mais saber de você!" – dizia a mensagem.

Eu não conseguia acreditar naquilo! Então, a irmã dele, que era uma boa amiga, me aconselhou a voltar para a casa dos meus pais. Como o Raul nasceu com falta de oxigênio, mesmo sem ter ficado com nenhuma sequela, ainda estava fraquinho, e ela propôs:

- "Seu bebê vai precisar de muitos cuidados médicos, e sua mãe não tem condições. Você já tem que sustentar o Júnior. Deixe Raul aqui, e todo fim de semana você vem visitá-lo. Nós vamos cuidar dele!" – prometeu.

Ela já tinha quatro filhos. A filha caçula deles, na época, tinha entre quatro a cinco anos. Eu não vou mentir que aquela ideia me era reconfortante. Eu poderia deixar Júnior com minha mãe pela manhã e com minhas irmãs à tarde, e assim arrumar um emprego.

Então, eu voltei pra casa dos meus pais completamente arrasada!

- "Minha filha, eu te avisei! Esse homem não presta! Não vale nada!" – disse minha mãe.

Eu arrumei um trabalho na cidade. Deixava Júnior com minha mãe. Passava uns dias na casa de minha irmã, outros na casa de meus pais e outros na casa de Dinei, visitando meu filho, Raul. E assim, passaram-se alguns meses. De vez em quando, ele aparecia para ver os meninos. Às vezes, me dava dinheiro, mas apenas quando queria.

Mesmo que tenha se perdido por vários caminhos em busca da verdade, o caminho da e salvação é um só! É preciso coragem para eliminar as impurezas do corpo e da alma, para que a luz de Deus se manifeste em sua vida! Assim eu seguia por tortuosas linhas que escrevo neste livro, mas que no final pareciam certas aos olhos do Pai! Continuemos...

14 MINHA PRINCESA

Vinte de julho de 1982 foi o dia em que fiquei grávida de Taís. Como posso ter tanta certeza de que foi neste dia? Eu estava separada de Washington, desde o nascimento do nosso filho Raul, mas neste dia, vinte de julho, seria nosso aniversário de casamento.

Esta data era importante para nós. Mesmo separados, brigando ou não, a gente sempre comemorava. Naquele dia, Washington me buscou na loja onde eu trabalhava e fomos parar em um motel de quinta categoria, no bairro das Sete Portas. Naquele motel, mesmo com a briga por ele ter me chamado de Jane (mulher que causou a nossa separação), literalmente entre "tapas e beijos", a minha filha foi gerada.

No final de agosto, eu descobri que estava grávida. Fiquei muito aflita! Eu já tinha dois filhos, praticamente sem pai, e Raul, o mais novo, morava com minha cunhada Dinei.

Meu Deus! Já tinha um filho com um ano e nove meses, outro com dez meses, estava morando na casa dos meus pais, com meus irmãos que me desprezavam por se acharem superiores a mim. O que ia fazer? Eu não queria levar mais uma criança para viver naquele inferno. Eu sonhava com uma vida melhor para mim e para o meu filho Júnior, o amor da minha vida! Então, tomei uma decisão, que graças à Deus, não cheguei a cumprir.

Naquele momento, decidi que iria abortar, e comecei a tomar todo e qualquer tipo de chá que pudesse ajudar a "descer" minha menstruação.

Eu sabia da existência de "clínicas clandestinas" que praticavam abortos, mas eu não tinha recursos e nem tinha como conseguir. Quando estava com quase três meses de gestação, descobri um lugar que cobrava "barato" para o procedimento. Hoje, seria algo em torno de trezentos reais.

Então, eu consegui o dinheiro e fui dormir na casa de uma amiga, que me aconselhou muito a desistir daquela ideia. A amiga era a Josefina, que eu apelidei de "Tita". Josefina sempre foi uma pessoa muito boa! Uma dessas pessoas raras e extraordinárias a quem eu sou infinitamente grata pelo tanto que me ajudou. Às vezes, eu acho que Tita foi como uma "mãe espiritual" para mim.

- "Dora, desiste dessa maluquice! Tira essa loucura da cabeça!" – pediu Tita, que era espírita.

- "Deus não perdoa quem tira a vida!"

Eu era "ignorante", tanto no espírito quanto no intelecto, não tinha dimensão do comprometimento espiritual que estava prestes a cometer. Tita telefonou para a casa da mãe de Washington e contou a ele sobre o meu plano. Ele prometeu vir me ver pela manhã. Eu passei a noite toda chorando.

- Tita, como eu vou trazer outra criança no mundo? Eu odeio viver na casa dos meus pais! Se eu pudesse, até alugava uma casa pra mim e para os meus filhos, mas eu não tenho como pagar. - confessei.

- "Deus vai dar um jeito Dó, acredite!" – ela dizia.

- Deus não gosta de mim, Tita. Se Deus gostasse, trazia meu marido de volta! - reclamava.

- "Esquece esse vagabundo, Dora! Você vai encontrar outra pessoa que queria você com seus filhos!"

- Isso nunca! Eu não quero ter meus filhos criados por outro homem. Eu quero criar meus filhos com o meu marido. Eu não quero que meus filhos tenham padrasto e sofram como meus irmãos sofreram. E também não quero sofrer, como minha mãe sofreu e sofre até hoje.

Às 5h da manhã, me levantei na ponta dos pés, enquanto todos ainda dormiam. Peguei minhas coisas, tomei banho e fui para à clínica. Eu queria chegar cedo, tinha pressa em resolver tudo aquilo. Quando entrei na fila, comecei a conversar com outras mulheres. Uma delas estava fazendo o seu segundo aborto e a outra, como eu, iria abortar pela primeira vez. Havia ainda uma outra que iria fazer o terceiro aborto. Eu, sensível à dor como já mencionei, perguntei se doía e elas disseram que não, que era como uma cólica menstrual. Eu me tranquilizei, pois um dos meus maiores medos era o de sentir dor.

Por volta das 8h, Tita entrou na clínica e me pegou pelo braço:

- "Dó, vamos embora daqui! Se você não quer esse filho, eu quero! Você vai buscar suas coisas na casa da sua mãe, e vem morar comigo. Quando esse bebê nascer, você me entrega ele de papel passado".

- Tita, eu não quero morar com você. Eu quero morar sozinha. Sua casa já tem muita gente, isso não vai dar certo! – respondi.

Tita morava em uma casa com mais cinco pessoas da família.

- Depois do aborto, eu vou arrumar um trabalho que pague mais para eu alugar um quartinho com meu filho – continuei a argumentar.

- "Se você arrumar um quarto e sala que custe até uns quinhentos, eu pago para você!" – Tita prometeu.

- Você está falando sério? – perguntei, incrédula, pois a coisa que eu mais queria na vida era sair da casa da minha mãe.

Então, eu fui procurar a casa de rua em rua até encontrar uma com quarto, sala, cozinha e banheiro que custava exatamente quinhentos reais, na moeda de hoje. Corri para contar à Tita. No mesmo dia, minha amiga fez o contrato e eu tomei posse do imóvel. Comprei a tinta e pintei eu mesma as paredes. A casa era pequena, mas muito bonitinha. Tinha até varanda.

No dia seguinte, meu cunhado me ajudou com a caminhonete e eu fiz minha pequena mudança. Uma geladeira, um fogão, uma cama, um guarda-roupas, uma mesa pequena, algumas panelas e um lençol. Mamãe ficou feliz por mim, pois ela sabia o quanto eu sofria ali.

Naquele mesmo dia, meu filho Júnior, que tinha pouco mais de um aninho, se aproximou de um dos meus irmãos para pedir um pouco do que ele estava comendo. Ele enfurecido, tirou o chinelo do pé e bateu com tudo no rosto do meu filho! Essa é uma cena que eu jamais consigo esquecer. Eu intervir na hora para defender meu bebê e ele me ameaçou com um facão.

Então, eu e minha irmã quebramos duas garrafas e fomos para cima dele, que saiu de casa e só voltou quando eu não estava mais lá. Eu tinha muito medo de ter outro filho vivendo naquela situação infernal.

Confesso, se quiserdes sentir a força do Deus onipotente, de real existência, não tereis outro meio senão pelo perdão! Como a peneira que penetra na água e vai debaixo da lama para encontrar o brilhante. Naquele momento foi preciso ser humilde e praticar o perdão para seguir em frente. Pelo aprendizado, eu sou grata, pelo ocorrido eu sinto muito, e mesmo com todos os obstáculos eu amo muito, meus irmãos, minha família. E segui meu caminho...

Alguns dias depois que mudei, já estava com a casa toda arrumadinha e me sentindo tranquila por saber que teria meu bebê em um lugar seguro, pois contava com o suporte de minha amiga Tita. Então, Washington apareceu, me pedindo para voltar. Disse que estava trabalhando, que queria assumir nosso terceiro filho. Eu era tão apaixonada por ele que aceitei mais uma vez. Ele passou à noite comigo e, no dia seguinte, voltou do trabalho dizendo que iria sair daquele emprego para conseguir algo melhor. Eu não concordava, mas não tinha como mudar sua opinião.

Uma semana depois de estarmos vivendo juntos novamente, Washington chega em nossa casa trazendo Jane. A mesma mulher por quem tinha me deixado, grávida de Raul. Eu fiquei perplexa! Mas ele me pediu para ter calma, pois Jane queria conversar comigo. Me disse que eles já haviam terminado, mas que Jane iria assumir o lugar dele no emprego de onde ele estava saindo.

Eu mal conseguia acreditar, quando ele saiu dizendo que iria tomar uma cerveja enquanto nós duas conversávamos. Cheguei a pensar em pegar uma tesoura e acabar com a raça dela, mas como estava gestante, achei melhor não arriscar. Ela, muito bonita e educada, foi muito simpática comigo:

- "Dora, eu sei que você ainda tem muita raiva de mim. Eu quero que você me perdoe por tudo que eu te fiz sofrer! Eu não sabia que Washington era casado!" – disse, enquanto eu apenas ouvia, sem saber o que dizer.

- E depois que você me viu, com nossos dois filhos? Você continuou com ele! - acusei.

- "Eu sei, mas eu era muito apaixonada por ele!" - choramingou.

- "Talvez esse seja o meu destino. Antes de Washington, eu tive outros dois namorados que também eram casados. Eu estou em outro relacionamento agora, ele também é casado, mas já está se separando e alugou um apartamento para nós vivermos juntos".

- E você vai destruir outra família, Jane? – perguntei.

- "Eu não destruí a sua família. Washington disse que te ama e que quer ficar com você e com seus filhos. Eu vou ficar com meu atual namorado. Agora, Washington para mim é apenas um amigo. Eu te garanto! Por favor, me perdoe! Washington que me ajudar no teste para eu conseguir o emprego e não depender do meu atual".

Eu pude ver nos seus olhos que ela estava falando a verdade. O homem com quem ela estava era um engenheiro da área de petroquímica. Eu sentia que ela só havia largado Washington porque esse novo namorado tinha mais condições financeiras e um título de engenheiro. Então, avisei:

- Você vai sofrer muito ainda por destruir tantas famílias. E não é uma "praga" que estou lhe jogando. Você é jovem, bonita e não tem filhos. Pode conseguir o homem que quiser!

- "Não posso! Esse é o meu destino, já viram nas cartas!" - disse.

Jane ainda me contou que sua mãe teve três filhos, um de cada pai, todos homens casados. Disse que a mãe criou os três filhos sozinha e que ela nunca conheceu seu pai. Ouvindo a sua história, pensei na minha mãe e nos meus irmãos e a perdoei. Nos abraçamos e choramos. Então, Washington chegou e nos viu emocionadas.

- "Tá vendo porque eu amo tanto essa mulher, Jane? Ela é maravilhosa!" – ele disse.

Eu servi o jantar para nós três e, quando Jane foi embora, eu me despedi e desejei que ela encontrasse um homem livre e desimpedido para fazê-la feliz! E essa foi a última vez que a vi.

Washington agora estava desempregado, mas estava em casa e comigo. E isso me deixava em êxtase! Deu o pouco dinheiro que recebeu para que eu pagasse Tita pelo aluguel. Dois meses depois, disse que conseguiu um emprego como Chefe de Departamento na Construtora OAS, mas ganhava pouco.

Eu, às vezes ajudava a minha amiga na livraria dela, no fim do ano que sempre tinha mais movimentação, até que tive a ideia de vender cartões de Natal.

Ela me apoiou, me levou no seu fornecedor de cartões e me ajudou até a comprar uma banca móvel, para eu vender, como ambulante. Naquela tarde, cheguei em casa toda animada e contei a ideia para o Washington, mas ele achou um absurdo!

- "Você ficou maluca? Você vai trabalhar como camelô? Mulher minha não vai ficar na rua se expondo, trabalhando como camelô!" – esbravejou.

- Eu vou, neguinho! Vai dar um bom dinheiro!

- "Não vai! O que minha família vai pensar? Você, grávida, trabalhando de camelô? E se meus amigos virem você lá, vão ficar curtindo com a minha cara!"

- Pois eu não ligo para o que pensam seus amigos e sua família. Meu filho vai nascer e precisa do enxoval.

- "Se você teimar com essa história de ser camelô, eu me separo de você!" – ele me ameaçou.

- Grande novidade! Não vai ser a primeira nem a última vez. Ao invés de reclamar, você podia me apoiar. Mas você não é homem o suficiente para entender que ser camelô é um trabalho digno, como outro qualquer! Você pode ir embora, se quiser! Eu estava sozinha e posso continuar sozinha!

- "Dorinha, você está muito mudada. Essa sua amiga Tita está fazendo a sua cabeça!" – disse.

- Ela não está fazendo a minha cabeça! Ela está me ajudando.

- "Neguinha, você não sabe o que é ser camelô? Você tem que correr da polícia o tempo todo. Se eles te pegarem, além de perder a mercadoria, você ainda pode ser presa!" - advertiu.

-Eu não me importo. "Se sapato me prende, botina me solta!" – falei, usando uma expressão popular, antiga, na Bahia.

- "Ah, então, só porque você tem um cunhado advogado, vai ficar buscando problema?" – questionou.

- Eu não vou buscar problema, Washington, eu vou buscar dinheiro!

Terminamos a noite brigados. Pela manhã, eu levantei, servi o café e fui me organizar para sair. Então, ele perguntou se eu tinha mudado de ideia e eu disse que não.

- "Então, quando você voltar, eu não vou estar mais aqui!" - afirmou.

- Vá com Deus! – respondi.

Fui para a Avenida Sete com a minha mercadoria para procurar um lugar para colocar minha banca. Cheguei cheia de atitude, como se já conhecesse todo mundo e já soubesse como as coisas funcionam.

- Bom dia, pessoal! Posso colocar minha banca aqui, junto de vocês?

- "Não tem problema, dona! Pode botar sua banca. Aqui todo mundo se ajuda!" – disse um senhor muito simpático, que ainda chamou dois rapazes para me ajudar.

Em meia hora, eu já era a nova "camelô" do pedaço!

- "Eu quero ver como ela vai fazer pra fugir do "rapa" com essa barriga!" – disse um dos rapazes.

Os ambulantes chamam à fiscalização da Prefeitura de "rapa", pois chegam "rapando", ou seja, "levando" tudo que não esteja devidamente credenciado e legalizado. Em Salvador o "rapa" é Semop – Secretaria Municipal de Ordem Pública.

- "A gente ajuda!" – o outro retrucou.

- "Ou então, a polícia carrega ela com banca, barriga e tudo!"

Tive um arrepio na nuca, mas logo comecei a vender, e estava muito animada! Em apenas um dia, vendi mais de cem cartões de Natal. Fui pra casa contente, pois já tinha dinheiro para reinvestir e, com três dias de venda, já pude pagar a Tita o que eu havia tomado emprestado.

Quando cheguei em casa com o dinheiro, Washington ficou calado e começou a aceitar a ideia. A suposta vergonha que ele tinha, foi substituída pela satisfação do conforto que o bem-estar financeiro proporciona. Em dezembro, com a proximidade do Natal, as vendas aumentaram e minha amiga me deu a ideia de vender também "enfeites natalinos".

Ela me ensinou a fazer uns arranjos decorativos em formato de vela e eu vendi muito. Os dias passavam muito rápido e o trabalho era muito divertido, mas também estressante.

Principalmente, quando à fiscalização passava e tínhamos que juntar tudo correndo e nos esconder pelos becos e depósitos da Avenida Sete. Os vendedores ambulantes tinham um sistema de "alerta" muito eficiente, que funcionava da seguinte forma: o primeiro camelô que avistasse à fiscalização, gritava para quem estivesse mais perto:

- "O rapa, cambada, corre!"

E todos começavam a reunir suas coisas e a gritar o mesmo para que os outros ouvissem até o final da Avenida. Quem tinha muita mercadoria exposta, às vezes, acabava sendo pego e perdendo, pois não dava tempo de juntar tudo. Certa vez, um senhor que vendia mercadoria do Paraguai perdeu tudo.

Ele havia investido todo o dinheiro para comprar os produtos, mas por ser mercadoria contrabandeada, a polícia não dava a opção de pagar a multa para reaver. Ele chorou muito. Então, nós, os outros ambulantes, fizemos uma vaquinha para ajudá-lo a continuar trabalhando.

Graças à Deus, passou o Natal e eu vendi todos os meus cartões e arranjos e fiz um bom dinheiro. Em janeiro, comecei a vender bijuteria. Paguei minha amiga e, assim, fui sobrevivendo, ajudando Washington nas despesas e comprando o enxoval para o bebê. Raul continuava morando com minha cunhada Dinei e Júnior ficava sempre com minha mãe, mas eu o pegava nos fins de semana, ou dormia lá, quando ficava com muita saudade.

Naquele final de semana, Júnior ficou na casa dos meus pais, pois no dia 2 de fevereiro, uma terça-feira, seria o aniversário da minha mãe e eu pretendia passar o dia com ela. No dia 1º de fevereiro de 1983, fui trabalhar! Era um dia normal e minha barriga já estava bem grandinha. Eu tinha apenas dois vestidos que me serviam e um macacãozinho branco.

Mesmo assim, sempre me arrumava muito pra ir trabalhar, prendia bem os cabelos e passava batom. Era a gestante mais bonita da Avenida Sete! Eu era linda e muito simpática e o "camelódromo" era basicamente composto por homens. Eu me sentia uma "rainha" entre eles.

Todos os dias, eu ganhava presentes dos camelôs! Eles sempre me traziam todo tipo de mimos, frutas, lanches..., mas, sempre com muito respeito e cordialidade. Mesmo grávida, tinha vários apaixonados por mim, mas nenhum deles nunca me faltou com o respeito. Naquela segunda-feira, estava com meu vestido azul, que era mais fácil de tirar na hora de fazer xixi.

Estava muito cansada e sentia um certo desconforto, uma cólica, mas muito leve. Fechei minha banca no fim da tarde, peguei o ônibus e passei no mercado, antes de ir para casa. Comprei um quilo de tomate e dez mangas, lavei e comi tudo! Estava varada de fome! Adormeci profundamente e nem vi Washington chegar.

Acordei às 3h da madrugada, sentindo uma cólica mais forte, fui ao banheiro urinar e vi que minha calcinha estava manchada de sangue. Fiquei preocupada! Voltei para a cama e acordei Washington.

- Neguinho, acho que vou perder o bebê! Estou sangrando! Vamos no hospital comigo?!

- "Neguinha, são 3h da madrugada. Vai dormir! Vamos esperar amanhecer, se você não melhorar, nós vamos!"

Eu deitei novamente, mas não consegui dormir. Fiquei pensando no sonho que tive um pouco antes de acordar. Sonhei que estava em um matagal. Uma floresta com árvores imensas, onde caminhava sozinha. Eu estava com muito medo, pois não gosto de mato. Até que, vi um homem velho, todo vestido de branco, que carregava nos ombros um feixe de varas de madeira. Eu fiquei compadecida e pedi para ajudá-lo.

Quando fui tentar pegar o feixe de varas dos ombros dele, ele disse que não podia deixar, pois estava grávida. Então, começamos a disputar pelo feixe. Eu puxava para um lado e ele para outro. Finalmente, ele colocou as varas no chão, puxou uma vara do feixe e me chamou:

- "Venha aqui que eu vou medir sua barriga".

Ele contornou todo o meu abdômen com aquele pedaço de pau e me mandou ir para casa:

- "Acorde seu marido e peça para ele te levar ao hospital, pois você vai ter este bebê hoje. Vai ser uma linda criança. Pode ficar tranquila que eu vou estar com você!"

Ele se abaixou novamente, pegou o feixe e foi embora. Eu acordei gritando "espere" e sentindo a cólica ainda mais forte. Às 4h30, eu me levantei de novo, tomei banho, me depilei e passei óleo de amêndoas no corpo. Voltei para o quarto e acordei Washington.

- Neguinho, acorde, eu tô pronta!

- "Pronta para quê? São 5h da manhã, neguinha!"

- Tenho que ir para o hospital. Eu tenho certeza que vou ter essa criança hoje!

- "Dorinha, que maluquice é essa? Você só tem seis meses de gravidez. Para de inventar drama!"

Eu contei do sonho que eu tive pra ele e ele reclamou:

- "Vai ser maluca assim na casa da porra. Você me incomodou a noite inteira, falando sem parar e hoje eu vou trabalhar cansado porque você não me deixou dormir".

- Neguinho, você não pode ir trabalhar. Eu tenho que ir ver o médico, pois estou com sangramento e estou com cólica.

Washington me abraçou:

- "Vamos fazer o seguinte: hoje não é aniversário de sua mãe? Tem um hospital lá perto. Você desce do ônibus nesse hospital, faz uma consulta, vê o que o médico diz. Se tiver algum problema, você me liga! Se estiver tudo certo, você vai pra casa de sua mãe e eu te encontro lá, mais tarde. Você sabe que eu tô em um trabalho novo. Não posso faltar ou chegar atrasado, senão, quem vai sustentar a casa?" - argumentou.

Eu concordei e nós pegamos o ônibus, às 6h30. Desci antes, para apanhar outro coletivo que me deixaria na porta do hospital. Cheguei ao hospital às 7h, preenchi o formulário e já havia outras duas mulheres na minha frente. Às 8h30, uma enfermeira chamada Zenaide veio até mim com o médico e me apresentou.

- "Esse é o doutor Guilherme! Hoje é o primeiro dia dele aqui e vamos atrasar um pouco a sua consulta, pois tenho que lhe mostrar as dependências do hospital".

Finalmente, às 9h30, eu fui atendida. O médico me examinou e perguntou quem estava me acompanhando.

- Estou sozinha, doutor! – respondi.

- "Onde está o seu marido?"

- Ele está trabalhando!

- "A Senhora tem o telefone do trabalho dele?"

- "Então, passe para a enfermeira. Ela vai ligar para seu marido, pedindo que ele venha imediatamente".

- Doutor, o que está acontecendo? – perguntei.

- "Você está em trabalho de parto!" – mandando a enfermeira me encaminhar para os devidos procedimentos.

Eu me apavorei! Havia tido meu primeiro filho nesse mesmo hospital e sei o quanto sofri. Tive até infecção hospitalar. Eu não queria parir novamente ali e entrei em desespero. Como eu era muito apegada a minha mãe, muito boba, e medrosa, comecei a gritar:

- Eu quero ir embora! Eu quero a minha mãe! Hoje é aniversário dela e ela está me esperando para almoçar!

- "Se acalme! Seu nervosismo vai acabar fazendo mal para o bebê. Eu prometo que vou entrar em contato sua mãe!" - disse o médico, tentando me tranquilizar.

- "Sua mãe tem telefone?"

- Não!

- "Alguém da família tem telefone?"

Então, eu dei o telefone da minha irmã Deita e também o da minha amiga Tita. Enquanto isso, a enfermeira voltou dizendo que o telefone do trabalho de Washington só dava ocupado. Eu não parava de chorar e chamar pela minha mãe. Minha amiga Tita logo chegou.

- "Por favor, faça ela se acalmar! A pressão dela está muito alta e isso pode ser perigoso!" – pediu o médico a Tita.

Eu chorava berrava e pedia para ela me tirar dali, pois eu queria minha mãe. Quero registrar aqui minha imensa gratidão pela amizade de Tita. Que pessoa iluminada!

- "Dó, fique calma! Eu prometo que vou buscar sua mãe. Você confia em mim?" –perguntou, enquanto eu acenava que sim.

- "Eu vou e volto de táxi, com sua mãe, em trinta minutos. Só me diga como chegar lá!"

Eu dei o nome da escola onde mamãe trabalhava, mas ela estava naquele momento em casa fazendo o almoço do seu aniversário. Quando minha mãe, minha irmã e Tita chegaram ao hospital, eu já estava na sala de parto. Eu lembro que não sentia muita dor. Era uma cólica muito intensa, mas bem menor do que senti nos nascimentos dos meus dois primeiros filhos.

Ouvi a enfermeira dizer ao médico que minha pressão estava descontrolada, enquanto outra mulher que estava dando à luz na mesma sala que eu berrava! Dizem que assistir a um parto é muito bonito, mas eu vi o parto daquela mulher e achei horrível. A vagina se dilata como se fosse de uma égua. Fiquei apavorada! Era monstruoso! Eu estava descontrolada! Chorava e chamava a minha mãe. Ela gritava coisas terríveis para o próprio filho:

- "Esse desgraçado, nem nasceu e já está me matando. Tomara que nasça morto!"

Fiquei penalizada e comecei a orar e a pedir a Deus que ajudasse aquela moça a ter amor pela sua criança. Subitamente, senti uma dor terrível.

- "Está saindo! Conseguimos, Zenaide, nasceu!" – comemorou o médico.

Eu já estava muito fraca e o obstetra me deixou uns instantes, provavelmente, para ajudar a outra parturiente. Eu me sentia esvaindo em urina e sangue e as vozes das pessoas começaram a ficar muito distantes até que senti que estava desfalecendo. Ainda me lembro de dizer:

- Doutor, me segure, eu estou caindo.... e ouvir Zenaide gritar.

- "Ela está tendo uma hemorragia!"

De repente, me vi de pé, dentro de um imenso tubo translúcido de luz, que mais lembrava uma "caixa de vidro". O tubo estava sendo carregado por várias crianças que me remetiam a anões ou duendes, alguns pareciam até monstrinhos, mas eram crianças, pois eram muito pequenas.
Ao mesmo tempo em que eu estava no tubo, eu via meu corpo deitado ensanguentado na maca, com muito sangue derramado no chão.

O tubo ia subindo, passando por várias salas com várias pessoas também deitadas. Até que cheguei em um lugar com vários bercinhos com bebês dentro, e um deles era a minha filha. Eu a reconheci, mesmo sem tê-la visto ainda. Eu sabia que aquela era a minha filha. Ela era linda! Parecia uma bonequinha! Quase não tinha cabelos na cabeça, só uma penugem de fios loirinhos.

Fiquei parada, olhando para ela e senti muito amor. Mas o tubo continuava se movendo, como se eu estivesse dentro de um automóvel, olhando a paisagem pela janela. Até que passei outra vez pela sala onde estava o obstetra e eu estava desfalecida. Vi o médico pressionando duas placas de metal contra o meu peito e ouvi a enfermeira confirmar que eu estava morrendo.

O tubo se moveu novamente em direção à porta, e eu vi o médico comunicando à Washington que não tinha mais o que ser feito! Ele colocava as mãos na cabeça e clamava:

- "Não! Não! Não!"

Outra vez, o tubo subiu e parou em outra sala, onde haviam várias pessoas sentadas e eu vi minha mãe ajoelhada no chão, chorando e orando:

- "Jesus, ressuscita a minha filha!"

Eu ainda via minha irmã Nitinha, abraçada à minha mãe, chorando também. Nesse momento, eu senti ainda mais amor por minha mãe e também comecei a rezar:

- Meu Deus, eu quero voltar! Não sei para onde estão me levando. Minha mãe está sofrendo demais! Me deixe voltar! – gritava, enquanto batia contra o tubo transparente.

O tubo foi se movendo e outra vez vi minha filhinha. Eu olhava para ela com muito amor e comecei a me mexer novamente dentro do tubo. Eu estava agoniada. Parecia que me faltava ar! Eu estava sufocada!

- Abra esse tubo! – eu gritava no meu delírio.

- Eu preciso voltar para a minha filha! Eu preciso voltar para a minha mãe!

Até que o tubo adentrou aonde meu corpo estava. E, como um elevador velho, parou sobre a maca e deu um solavanco. Senti meu corpo todo estremecer e tive uma sede alucinante! Então, gritei:

- Querooo águaaa!

- "Zenaide, ela está viva!" - o médico gritou.

Outra vez, solicitei água e o médico colocou um algodão molhado em meus lábios, me pedindo para ter calma. Eu ainda ouvi minha própria voz bem baixinha falando: água...

Percebi que estava com muito frio e muito sono. Entrei em coma! Só acordei dez dias depois, com minha mãe sentada na beira da cama, alisando meu rosto. Olhei para ela e vi seus olhos tão cheios de amor:

- "Filha, que bom que você está aqui!"

Eu comecei a chorar e minha mãe me consolava:

- "Não chore, eu estou aqui!"

Perguntei sobre Washington e ela disse que ele estava do lado de fora, esperando ela sair para entrar.

- Mãe, eu quero ir pra casa! Quero ficar com minha filha! – pedi.

- "Dora, você tá muito fraquinha. Precisa ficar aqui mais um pouco, mas eu prometo que venho te ver todos os dias".

Então, caí em prantos! Eu tinha muito medo de ficar sem minha mãe. E ela pedia pra eu me tranquilizar, pois podia passar mal.

- Então, me leva embora! – dizia, tentando me levantar, mas não tinha força nem para erguer à cabeça. Senti uma tontura e me calei por alguns instantes para recuperar as forças.

- Mãe, por favor, vá chamar Washington!

Ela me deu um beijo e saiu. Fiquei ali, imóvel, tentando conter minhas lágrimas. Descobri que tive eclampsia, uma doença muito grave que causa vasoconstrição e por isso provoca uma hemorragia intensa, perdi muito sangue. As visões do tubo transparente de luz, era uma "EQM" - Experiência Quase Morte, que só viria a entender muitos anos depois. Disseram que era um milagre eu estar viva e que minha filha ter sobrevivido era outro milagre.

Washington entrou no quarto e me olhou com muito amor. Seu olhar expressava esperança e felicidade. Ficou me observando e depois fez uma de suas brincadeiras. Ele sempre teve muito senso de humor.

- "Você é osso duro de roer! Vaso ruim não quebra, mesmo. Pensei que, dessa vez, eu ia ficar viúvo!" – brincou, enquanto vinha até a cama, me beijava e me pedia perdão.

- "Neguinha, eu não vim com você. Eu não podia imaginar que o bebê fosse nascer três meses antes. Me perdoe! Prometo nunca mais deixar você sozinha. Prometo ser o melhor marido e o melhor pai para os nossos filhos. Prometo fazer tudo, neguinha, pra fazer você ser feliz!"

- Você promete mesmo? Então, me leva embora daqui! – comecei a chorar de novo.

- "Eu não posso fazer isso, neguinha! Você precisa ficar para se recuperar, tomar os remédios, tomar soro".

- Eu não quero ficar aqui. Converse com o médico. Você é meu marido, o responsável por mim, neguinho. Você sabe o que eu passei aqui no parto de Júnior. Se você não me tirar daqui eu vou fugir! – ameacei.

Uma mulher mais velha, que estava no leito ao meu lado concordou comigo:

- "É melhor mesmo ela ir embora e tomar os remédios em casa!"

Aquele era um hospital público, muito mal estruturado, tinha um cheiro horrível e eu me sentia suja naquele ambiente, nada me agradava ali, tinha um forte pressentimento.

Washington concordou em pedir minha "alta" e minha mãe, mesmo contrariada, aceitou me levar para casa.

15 A PRINCESA TAÍS

Washington assinou os "termos de responsabilidade" e me deram "alta" do hospital à tarde. A situação da minha filha também era grave, pois ela era muito prematura.

Nasceu apenas com seis meses e meio. Precisava ficar na incubadora, mas o pediatra disse que ela não tinha muitas chances, porque não tinha muito peso.

Além disso, disse que se ela conseguisse sobreviver, seria uma criança cheia de deficiências. Outra vez, caí em um pranto quase inconsolável. Era a minha filha, minha única menina. O médico disse claramente que eu não poderia mais ter filhos.

Que se eu engravidasse, tinha poucas chances de resistir ao parto, ou mesmo ter complicações durante à gestação. Meu Deus! Eu era apenas uma jovem de vinte e um anos, com um marido de vinte e dois, e, nessa idade, já havíamos passado por tantos sofrimentos. Eu já estava praticamente sem forças para nada. A única energia impulsionadora que eu tinha naquele momento, era o meu amor de mãe, o amor imenso que sentia pela minha filhinha.

Esta força sim me faria levantar daquela cama e ir resgatar a minha bebezinha daqueles aparelhos frios e sem afeto! Minha mãe me confortava, dizendo para eu ter fé em Deus.

- "Se for a vontade de Deus, ela vai sobreviver!"

Mas eu não queria saber da vontade de Deus! Minha cabeça rodava e eu sentia que iria desmaiar. Então, de repente, do mais profundo da minha alma, surgiu uma força muito feroz, igual à que eu sentia quando me defendia das agressões dos meus irmãos. Eu falei para o médico:

- Doutor, eu quero levar a minha filha comigo!

Todos se voltaram para mim, assustados com a minha insensatez. Naquele quarto de hospital estavam o obstetra, Washington, minha mãe e minha irmã Deita.

Ninguém concordava comigo e todos balançavam a cabeça negativamente, mas foi o médico quem falou primeiro:

- "Jovem, se você tirar a bebezinha da incubadora, ela vai morrer em algumas horas. No máximo, em dois dias. Eu não posso permitir!"

- "Filha, você não pode fazer isso! Escuta a sua mãe! Se essa menina morre, você vai se sentir culpada!"

Então, minha irmã mais velha, que era como que a chefe da família, prometeu ao médico:

- "Doutor, Dora vai para casa e, amanhã, nós trazemos ela para ver a filha".

Eu fiquei em silêncio, esperando que todos parassem de falar. Quando abri a boca, já não era a mesma Dora de antes, frágil e com medo da morte. Agora, eu era a Dora guerreira, possuída por uma fé inabalável! Falei ao médico e para todos ali que estavam:

- Doutor, eu vou levar a minha filha hoje! Nada, nem ninguém, vai me impedir disso! Eu tenho o direito de cuidar da minha filha. O senhor disse que ela tem poucas chances de sobreviver. Então, se é assim, deixe que ela morra nos meus braços.

- "Neguinha, pelo amor de Deus, é muito perigoso! Ela é minha filha também. Eu também tenho direito legal sobre ela e eu não concordo. Eu já assinei o documento de responsabilidade por você e agora você quer que eu me complique, Dorinha? Não vou fazer isso! Se acalme! Coloque à cabeça no lugar!" - pediu Washington.

- Ela é minha bebê. Eu que pari! Eu que carreguei no ventre! Não vou deixa-la aqui. Eu vou levá-la para casa!

Pedi para que minha irmã chamasse Bastos, meu cunhado. Ele estava do lado de fora, esperando para me visitar. Ainda não sabia que eu estava de alta. Eu sempre fui esperta e sabia que ter meu cunhado por perto, era ter um grande aliado em minha defesa.

- "É bom que Bastos venha mesmo, para tirar essa maluquice da sua cabeça!" – falou minha irmã.

Quando meu cunhado entrou na sala, pedi para ficássemos apenas eu, ele, Washington e o obstetra, e contei tudo a "Popoio", que era como eu o chamava, carinhosamente.

- "Dorinha, isso é muito perigoso! Se a criança morrer em casa, vai ser um problema. Você pode se complicar muito! Vai ser difícil o hospital dar um atestado de óbito". – disse o meu cunhado.

- Popoio, diga de verdade, quais são os meus direitos?!

- "Você tem todo o direito de tirá-la daqui, basta que o pai também assine. Tem que fazer a certidão de nascimento para que o hospital autorize".

Bastava que Washington fosse ao cartório e voltasse com a certidão. Bastos conversaria com o médico e, depois, ele mesmo se responsabilizaria pelos trâmites. Washington perguntou que nome eu gostaria de colocar na nossa filha e eu disse:

- Eu quero que ela se chame "Maria Augusta", pois ela é o presente de aniversário da sua avó. Ela nasceu no dia do aniversário da avó e vai se chamar como a avó.

- "Dorinha, que nome feio! Pelo amor de Deus, tira esse Maria, ao menos. Que tal Taís Augusta?" - sugeriu o papai.

Eu achei bonito e concordei. Washington tirou a certidão e tudo foi resolvido. Chegamos na casa da minha mãe por volta das 17h, cheguei carregada, porque o carro só parava na outra rua. O esforço foi muito grande para o meu corpo. Fiquei muito debilitada e estava tomada por uma enorme fadiga. Até falar me cansava demais.

Mamãe preparou um mingau de milho, com leite, manteiga e um pouco de café, para ajudar minha recuperação e na produção do meu leite materno.

Logo que o leite começou a sair, minha mãe trouxe a minha filha e a colocou no meu peito. Ela mamou muito pouquinho e dormiu. Mamãe a trazia até mim de hora em hora e tentava fazer com que ela mamasse mais um pouco, mas ela dava duas chupadinhas e adormecia. Ela nunca abria os olhos.

Estava sempre com os olhinhos fechados. Minha mãe preparou um prato de bife de fígado e um suco de beterraba. O fígado estava um pouco cru e eu não suportava o cheiro. Não queria comer! Mas mamãe insistia, dizia que aquilo iria ajudar a recuperar minhas forças para levantar da cama. Eu pedi para que ela fizesse bem passado e assim consegui comer.

A primeira noite em casa, eu dormi bem. A cada três horas, minha mãe trazia a bebê para mamar. Às vezes, ela tirava o leite e tentava dar de colher, mas Taís não abria muito a boca e eu ficava preocupada. Acordei pela manhã com os seios muito duros e doendo muito. Mamãe trouxe uma vela acesa, uma colher e um frasco de óleo de amêndoas. Ela ia aquecendo o óleo na colher e passava nos meus seios, massageando.

Depois colocou uma toalha para que o leite não molhasse os lençóis. Eu ainda não conseguia levantar. Passava o dia todo deitada e mamãe, com toda a paciência, cuidava de mim.

Me banhava, trazia o urinol, para que eu fizesse minhas necessidades e me alimentava a todo instante, com sucos, mingaus ou sopa. Eu precisava comer o dia inteiro, pois minha mãe queria que eu recuperasse logo todo o sangue que havia perdido na hemorragia.

Eu estava novamente como uma "criança", dependendo dela para tudo! Recebi muitas visitas das minhas irmãs e das vizinhas e, no meu terceiro dia em casa, aconteceu algo extraordinário! Deus é o grande amor! Por esta razão, é possível se libertar da autolimitação. Tudo é possível! Este livro é uma mensagem de luz e acima de tudo de esperança!

16 O ANJINHO DA CHAMA VIOLETA

No meu terceiro dia em casa, alimentei-me direitinho. Minha mãe serviu bife de fígado no café, no almoço e no jantar. A bebê estava bem, mas nunca chorava. Era noite, por volta das 21h, mamãe trouxe Taís, a colocou no meu peito e apoiou meu braço em um travesseiro. Disse para eu tomar cuidado, enquanto ela iria ao banheiro.

Estava tranquila admirando a minha bebê mamar e, de repente, percebi um clarão muito forte vindo da sala. Levantei a minha cabeça e vi uma luz descer como se fosse um relâmpago.

O meu quarto não tinha porta, apenas uma cortina. Como mamãe estava sempre entrando e saindo, a cortina ficava sempre aberta. Da cama, eu conseguia ver a mesa redonda na sala. E aquela intensa chama rosa violeta pairou em cima da mesa.

Era um "ser" de aparência infantil (parecia um bebê de quatro aninhos), ele possuía pequenas asas e emanava uma energia de cor rosa. É impossível descrever tamanha perfeição! Eu já vivi cinquenta e oito anos, mas nunca mais vi tamanha beleza. Seu rosto era lindo, rosado e dos seus olhos azuis saía uma luz incrível! Fiquei paralisada, sem conseguir reagir, mas depois me preocupei.

- Mãe, venha! Mãe, me acuda! – gritei.

No mesmo instante, a luz subiu e desapareceu. Fiquei muito comovida e desandei a chorar. Estava cheia de receios, achando que poderia ser a visita do "Anjo-da-morte" para mim e minha filha. Acreditava que quando alguém estava perto de morrer, começava a ver "coisas", "almas de outro mundo", de parentes falecidos.

Eu não conhecia aquela "criança-angélica", mas imaginei ser algum espírito querendo levar a minha vida. Eu chorava e minha mãe questionava o que estava acontecendo. Eu só conseguia dizer:

- Eu vi... eu vi...

Todos em casa se assustaram! Washington, meu pai e minhas irmãs mais novas vieram saber o que havia ocorrido, mas eu não conseguia falar. Eu só chorava e me sentia completamente confusa. Fui criada na Igreja Evangélica, e ter contato com "seres" parecia algo demoníaco para quem não compreendia direito o que seria um Anjo. Naquela fase da minha vida já havia frequentado alguns Centros Espíritas e acreditava um pouco no Espiritismo, buscando inclusive orientação na doutrina durante a gestação de Raul.

Hoje, passados trinta e sete anos, percebo que fui arrebatada por uma emoção inexplicável, devido tamanha graciosidade que vi naquela noite. Estava conturbada e cheguei a confundir minha sensação de êxtase por medo, mas não era medo! Daria tudo para ver a beleza daquele Anjo novamente! Sempre tive uma sensibilidade espiritual aguçada, uma espécie de "dom" para acessar o sobrenatural... Meu primeiro contato na verdade foi quando eu tinha sete anos, e percebi uma chama brilhante contornar o meu irmão caçula todinho. Ele devia ter uns oito meses e a luz que vi ali foi muito parecida com aquela da "criança-anjo".

Quando eu estava morando na Colômbia, teve uma manhã que eu estava meditando, as crianças tinham ido para a escola, e de repente senti a presença de "alguém", cheguei a pensar que fosse a minha secretária, mas quando abri os olhos, um Anjo gigante estava parado na frente da porta do meu quarto. Ele era lindo! Estava todo vestido de verde, suas asas eram verdes e sua luz também era verde muito intensa e ofuscante! Foi algo magnífico, um sentimento de profunda de gratidão!

Bem, no dia seguinte da "visão", minha mãe reuniu o pastor, os irmãos da sua Igreja, e a nossa família para realizarmos um Culto em nossa casa. Mamãe queria dar graças à Deus pela minha vida, e com certeza devia estar muito preocupada.

Ela pediu que orassem por mim e por minha filha. Eu ainda não conseguia levantar, então, todos ficaram na porta do meu quarto, louvando. Até que um dos irmãos, que era deficiente de um braço, clamou em "línguas", trazendo respostas do invisível:

- "Augusta, sua filha é muito abençoada! Um "Anjo do Senhor" veio visita-la! Dora foi muito agraciada recebendo esse presente!"

- "Dora, não tenha medo! Sua filha Taís tem uma grande missão na vida! Vocês ainda vão fazer muitos prodígios! São protegidas, não se preocupe!" – continuou olhando para mim.

 Me emocionei muito e minha mãe também.

- "Aleluia! "Glória a Deus!" Agora vamos cuidar de Taís Augusta, disse minha mãe.

Eu ainda não sei por que mereci receber a visita desse Anjo. Se eu tenho uma missão nessa vida, eu ainda vou descobrir qual é! E segui na fé! Na segunda semana, eu já conseguia levantar. Na terceira já andava e executava algumas tarefas, mas mamãe ainda fazia a maior parte das coisas. Uma tarde, quando estava lavando e estendendo as roupinhas de Taís no varal, vi uma cobra imensa, que por pouco não passou por cima dos meus pés, me apavorei tanto que sofri um profundo abalo emocional e comecei a ter uma crise de choro.

Mamãe preparou água com açúcar para me acalmar, mas precisava amamentar a minha filha. Taís mamou, mas logo em seguida começou a ter vômito e diarreia. Aflitas, corremos para uma clínica próxima, mas fomos rapidamente avisadas que a bebê precisava de aparatos de uma neonatal, pois o caso dela exigia uma incubadora com urgência. Minha mãe retornou para casa e eu segui para o Hospital Pediátrico Martagão Gesteira.

Quando cheguei, Taís estava gelada, com o rosto esverdeado e foi internada imediatamente. Colocaram o soro dela pela cabeça, pois era tão pequenininha e frágil, que não tinha como pegar sua veia pelos bracinhos ou perninhas. O médico foi logo me preparando que Taís poderia não passar daquela noite. Eu comecei a me desesperar, suplicando que ele deixasse eu levar minha filha para casa.

- "Eu não posso fazer isso! O estado dela é muito grave!" – disse o médico.

Sem autorização do pai, eu realmente não podia fazer nada. Então, eu apenas implorava:

- Doutor, salve a minha filha, pelo amor de Deus!

Enquanto eu chorava, uma senhora se aproximou de mim e perguntou se eu tinha fé em Deus?

- Não tenho! Deus me abandonou e agora tá abandonando a minha filha! – eu falei.

- Clame a Deus pela vida de sua filha e Ele ouvirá!" – ela respondeu.

Naquele momento, caí de joelhos e comecei a orar:

- Meu Deus, eu imploro, não tire a minha filha de mim! Me perdoe se fiz algo errado! Se o Senhor é meu pai, tenha misericórdia! Não deixe minha filha morrer! Não pretendo ser crente, mas prometo, se o Senhor curar a minha filha, eu vou frequentar à Igreja com a minha mãe.

Depois dessa oração, me senti mais calma e reconfortada, mas saí do hospital com meu coração dilacerado por deixar minha pequena naquela incubadora. Voltei para a casa da minha mãe, onde estava morando desde que havia deixado à maternidade. Estava perdida, angustiada e com medo. Me sentia péssima por deixá-la, mas também sentia remorso por tê-la tirado do hospital da primeira vez.

Entrando no ônibus, a aflição tomou conta do meu peito, tanto que sequer percebi quando cheguei no final de linha de Cotos. Continuei sentada, de cabeça baixa, aos prantos! O cobrador precisou vir até mim para avisar que era preciso descer. Eu estava desorientada, sem acertar o caminho. Completamente sem rumo perguntei a uma senhora aonde eu estava, aonde era minha casa...

- "Você não é filha de dona Augusta?" – ela perguntou.

- Sim! Acho que peguei o ônibus errado! - respondi.

- "Não! Você está perto! Vou pedir para meu filho te levar até lá".

Logo que cheguei, minha mãe me abraçou e choramos juntas.

- Será que ela vai sobreviver, mãe? – perguntei.

- "Você crê em Deus?!"

- Sim!

- "Vamos orar. Se for a vontade de Deus! Ela vai viver!" – ela me pegou pela mão e se ajoelhou comigo.

- Aquela frase me revoltava! "à vontade de Deus!" fazia eu me sentir completamente impotente.

- Como eu faço pra que Deus faça a minha vontade? Eu quero que minha filha viva! - perguntei.

- Minha filha. Acalme seu coração e apenas creia!" - minha mãe me consolava.

Naquele momento, eu só queria ouvir que Deus iria curar minha filha.

Minha mãe orou em "línguas" e, depois, nós continuávamos chorando. Então, para não ver minha mãe sofrendo mais, me enchi de coragem e olhei profundamente nos seus olhos.

- Ela vai ficar bem, mãe! Daqui a pouco ela vai estar aqui, correndo pela casa! – falei.

- Sim, filha, ela vai! Deus tem planos para a vida dela!"

Washington chegou do trabalho e também ficou muito triste com a recaída de saúde da nossa filha. Eu não consegui dormir. Chorei a noite inteira de saudades da minha menina. Às 5h, eu já estava pronta para ir visitar Taís. Cheguei lá às 7h, mas o horário de visitas só era à tarde. Expliquei na recepção que eu precisava amamentar minha filha. A enfermeira me informou que o quadro de Taís era estável, mas ao mesmo tempo muito delicado, ela estava na UTI, tomando soro e sendo medicada, mas eu não podia entrar.

Fiquei olhando minha menina pelo vidro, imóvel, tão indefesa. Fiquei grudadinha no vidro até que acabou o horário de visitas. Outra dor deixá-la mais uma noite ali. Minha irmã me permitiu que eu ficasse em sua casa, que era mais próximo do hospital, até que Taís recebesse alta. Eu ia ao Martagão todos os dias, de manhã e à tarde. Washington, como tinha que trabalhar, foi apenas duas vezes. Depois de três semanas, Taís voltou para casa. Foi a minha maior alegria!

Ela estava indo bem em casa. Todo seu material de alimentação era fervido, as roupinhas também eram fervidas e passadas. A sua fórmula alimentar era bem peneirada. O médico acreditava que talvez pelo susto que tomei com a cobra, minha corrente sanguínea pudesse ter levado alguma substância para o leite que fez mal à Taís. Sem poder amamentá-la, eu me sentia horrível! Passaram-se dois meses, e ela teve febre, desta vez, foi diagnosticada com pneumonia e ficou cinco dias internada.

O médico recomendou procurarmos um pediatra especialista em prematuros. Nós não tínhamos plano de saúde e, sempre que precisávamos de atendimento, buscávamos o serviço público. Não tínhamos condições para pagar um médico particular. Quanto sofrimento! Taís crescia, mas era muito frágil.

Nesse período, comecei a frequentar a Igreja Universal do Reino de Deus. Deus me perdoe, mas não me adaptei! Os pastores eram ávidos pelo dízimo e prometiam milagres, que nunca aconteciam. Taís continuava sem chorar e não se mexia. Já com três meses, seu rostinho era lindo, mas tudo nela era delicado como cristal. Nessa idade, ela teve outra infecção intestinal, com vômito e diarreia.

Era noite e eu não sabia o que fazer. Washington ligou para a irmã dele, que nos mandou levá-la no hospital, onde tinha um médico amigo dela que iria nos atender. Chegamos lá muito tarde, com Taís toda suja de fezes e vômito. O médico pegou na manta pela pontinha, olhou Taís de longe com cara de nojo e prescreveu um remedinho. Eu fiquei tão enfurecida por ele não ter examinado direito a minha filha, que o enchi de desaforos, rasgando e jogando a receita no meio da sua fuça!

Minha cunhada ficou muito aborrecida, mas mesmo assim, me deu o dinheiro do táxi para a gente seguir para o Martagão Gesteira, único hospital que encontraríamos suporte naquele momento. Taís ficou internada lá duas semanas. Quando ela voltou para casa, eu comecei a ouvir todas as pessoas e todas as suas sugestões. Se me falassem que um médico era bom, eu a levava. Se me falassem que uma Igreja fazia cura, eu a levava. Se me falassem que uma Mãe de Santo do Candomblé realizava milagres, eu a levava.

E assim segui…. De médico em médico, de lugar em lugar, tentando curar minha filha. Taís crescia, mas não reagia. Não movia os braços, nem as pernas. Os médicos davam sempre o mesmo diagnóstico: "que ela tinha poucas chances de andar". Eu não me conformava! Tinha muita fé e esperança de que Taís iria se restabelecer plenamente. As portas estavam abertas para os grandes milagres que ainda estavam por vir. Eu sentia que estava no caminho certo! Era preciso transmutar toda a dor em amor!

Para enfrentar qualquer desafio de fronte erguida e rosto sereno era preciso girar a grande "chave" e algo precisava ser feito, mas eu ainda estava morando com minha mãe e meus irmãos, naquela vida infernal. Para tudo que vivi e sofri, segue o Decreto Eu Sou da Chama Violeta:

EU SOU a Chama Violeta
Atuando agora em mim
EU SOU a Chama Violeta
Só me submeto à Luz
Eu SOU a Chama Violeta
Magnífico Poder Cósmico
EU SOU a Luz de Deus brilhando a toda hora
EU SOU a Chama Violeta radiante como um sol
EU SOU o poder de Deus que a todos vai libertando

17 A RECUPERAÇÃO DE TAÍS

Um dia briguei com minha irmã e ela arranhou meu rosto. Fiquei muito magoada. Peguei meu filho Júnior e Taís e fui morar na casa de minha boa amiga Tita.

Um "Anjo-da-guarda" que acolheu a mim e a minhas duas crianças. Nessa época, Taís já tinha cinco meses e Washington já havia desaparecido de novo. Descobri que ele tinha ido ao motel com a vizinha e fiquei com tanta raiva, que furei ele todo com a tesoura. Não sei como não o matei!

Com vinte e um anos, três filhos, dois comigo e outro vivendo na casa de minha cunhada, um marido infiel, irmãos desajustados, um pai bêbado, vivendo naquela casa sem estrutura, em que nem o banheiro tinha descarga. Washington, ao invés de se ajuizar, ficava gastando o pouco que tinha em motel. Fiquei na casa de Tita uns dois meses.

Minha mãe me pedia que eu voltasse para a sua casa, todos os dias. Mas, em Tita, todos me tratavam bem, exceto uma cunhada dela e uma sobrinha mimada, que tinham ciúmes de mim. Era muito melhor viver na casa de Tita, do que na casa de minha mãe.

Tita trabalhava, tinha a sua loja e eu fazia os afazeres domésticos para ajudá-la. Lavava as roupas, cozinhava e arrumava tudo com muito amor e gratidão, pois Tita era mesmo um "Anjo" na minha vida. Às vezes, eu esquecia de amamentar Taís, porque ela não chorava. Tita me chamava à atenção severamente! Deixava bem claro que eu não era sua "empregada" e que devia em primeiro lugar cuidar das minhas crianças. Um dia mamãe veio me visitar e caiu no choro me pedindo para voltar. Eu aceitei! Washington também voltou e ficamos juntos, mais uma vez.

Assim, tinha voltado de novo para a casa dos meus pais e estava enlouquecendo. Taís completou seis meses de vida, mas ainda não fazia movimentos.

Uma das minhas cunhadas, que trabalhava em um posto de saúde, marcou uma consulta com uma médica naturalista. Ela não era pediatra, mas era muito conhecida por salvar pessoas com seus tratamentos alternativos. E lá fui eu com Taís. A médica examinou-a minuciosamente e falou:

- "Se você estiver disposta a fazer tudo o que eu te ensinar, em três meses, ela vai se movimentar!"

Que alegria! Falei, na hora, que faria qualquer coisa pela minha filha! Primeiro, ela me recomendou mudar toda a alimentação de Taís, cozinhando apenas coisas que viessem da terra. Ela também receitou sessões de fisioterapia, mas eu falei que não tinha condições para pagar.

- "Não precisa de dinheiro! Você tem quintal na sua casa?" - ela disse.

- Tenho.

- "Você vai cavar um buraco em que caiba ela todinha dentro, mas deixe a cabeça para fora. Ela tem que ficar em pé dentro do buraco, com terra cobrindo tudo, inclusive os braços".

Ela ainda recomendou que eu levasse Taís à praia todos os dias. Uma praia calma e sem ondas. Disse para eu soltar a bebê quando a água estivesse na altura dos meus joelhos.

- Mas ela vai se afogar, doutora! – falei.

- "Ela não vai se afogar! Acredite, o instinto de autodefesa vai ajudar a não se afogar e ela vai começar a se mexer".

Fui para casa cheia de esperança e contei a minha mãe todo o tratamento indicado. Ela ficou horrorizada! Disse que a médica era "louca" e que eu iria acabar matando à criança.

- Eu já tentei de tudo, mãe. Eu tenho que fazer!

Na manhã seguinte, já fui para o quintal e comecei a cavar. Coloquei Taís no buraco cheia de medo, colocando à terra em volta, deixando o buraco bem apertadinho.

Notei que ela ficava se espremendo, chega o rostinho avermelhava. Como ela demonstrou reação, percebi que aquilo daria resultado. Depois dali, corri com Taís para à praia, que ficava bem próximo, a uns dois ou três quilômetros de casa, e fiz exatamente como a médica mandou.

Logo que a soltei na água, ela deslizou como um peixinho, mexendo as perninhas. Que emoção! Meu Deus! Eu fiquei radiante de tanta felicidade! Tive certeza que esse tratamento iria funcionar. E funcionou! Com três meses de tratamento, Taís já estava se movendo! Ficava sentadinha e, aos oito, começou a engatinhar.

A parte motora ficou perfeita, mas a sua saúde continuava debilitada. Sempre tinha febre, pneumonia e vivia sendo internada. Até seus sete anos foram constantes entradas e saídas de hospitais, uma verdadeira luta pela a sua vida!

Mas com a ajuda de Deus e minha mãe, nós conseguimos! Até que eu fiquei grávida, novamente. Mas, essa história, eu vou contar em outro capítulo...

Hoje, Taís tem trinta e sete anos. É uma mulher incrível! Linda, saudável, muito inteligente, com uma carreira brilhante! Atualmente é casada, mãe de dois filhos, um menino de quinze e uma menina de oito anos. A melhor mãe do mundo e a esposa mais dedicada que eu já conheci. Taís trabalha para o Governo Americano, na "Guarda Costeira".

É formada em Psicologia e tem Mestrado em Administração e Recursos Humanos. Uma filha maravilhosa e um ser humano fantástico! Minha filha Taís é uma prova viva dos milagres de Deus na minha vida! Os milagres que eu criei...

18 NASCIMENTO DO MEU QUARTO FILHO

Depois de cinco meses do nascimento de Taís, fiquei grávida de Marcus. Eu tomava pílula, mas, às vezes, esquecia ou trocava o anticoncepcional pelos remédios da pressão.

Eu continuava morando com Washington, na casa de minha mãe. Ele, às vezes, sumia por uns dias, mas sempre voltava. Para a minha família eu era considerada uma mulher sem respeito. Como eu tinha coragem de engravidar tantas vezes de um homem como aquele?

Até hoje, me sinto muito envergonhada de lembrar da dependência emocional que sentia por Washington. Considerava ele um homem bom, apenas porque ele sempre me pedia perdão.

Quando estava em casa, Washington era carinhoso comigo e com as crianças. Também era atencioso com meu pai e com minhas irmãs. Washington tinha um bom papo, e era capaz de convencer qualquer com a sua conversa, tamanho o seu carisma. Você pode imaginar à carência afetiva que eu tinha? Era só ele me abraçar que eu me derretia e me rendia aos seus encantos. Além disso, nós tínhamos muita química, uma coisa de pele, de cheiro. Era impossível pensar nas consequências na hora do sexo.

Quando descobri que estava grávida do nosso quarto filho, quase enlouqueci. Minha mãe também ficou apavorada. Pois o médico havia alertado que eu não deveria mais engravidar depois de ter tido à eclampsia. Nessa época, Washington estava trabalhando no interior e vinha para casa, às vezes. Noutras, eu viajava para passar o final de semana com ele. Uma vez, ele voltou meio de surpresa e eu não estava em casa naquela noite. Havia saído com algumas amigas e fizemos uma farra muito boa, mas eu não havia ficado com homem nenhum. Eu acreditava que casamento era para sempre e que nada no mundo poderia separar um casal.

Até o nascimento de Marcus, eu fui fiel à Washington. Além do mais, eu achava que Washington era minha propriedade. Que ele era meu e que ninguém podia tirá-lo de mim.

Quando ele chegou naquela noite e não me encontrou em casa, ficou muito chateado e com muitas suspeitas. Porém, só muitos anos depois ele me disse que achava que Marcus não era filho dele, e sim de Kiko, um namorado que tive muitos anos antes, quando ele terminou o noivado comigo. Um grande idiota, pois eu nunca havia ficado com nenhum outro homem e também nunca mais voltei a ver Kiko depois que terminamos. Apesar do medo da morte, que senti durante a gravidez inteira de Marcus, esse filho chegou trazendo muita luz para a minha vida.

Quando eu estava grávida de aproximadamente sete meses, foram abertas as inscrições para a Urbis, que é o Órgão de Habitação e Urbanismo da Bahia. Logo me inscrevi. Meu cunhado, que era vereador, tinha um compadre que era o presidente da Urbis e me deu uma carta para que eu fosse até ele e tentasse acelerar o processo de entrega da minha casa.

Levei a carta e entreguei à secretária do presidente. Depois de uma semana, fui chamada e recebi as chaves, mas era de uma casa pequena, de apenas um quarto. Não gostei. Além de ter apenas um quarto, a casa era dividida entre duas famílias, cada uma em um andar. Tinha terreno para aumentar, mas eu fiquei decepcionada. Não tínhamos nenhuma condição financeira de fazer uma obra de ampliação. Fui para casa e contei à minha mãe e ao meu marido que não tinha gostado da casa.

- "Você é uma pobre metida à besta! Não tem nada, mora em um quarto na casa da mãe, encontra uma casa de graça, e reclama porque só tem um quarto! O que você vai fazer?" - Washington me disse.

- Vou devolver a casa! Não vou morar com você e quatro filhos em uma casa de um quarto. - respondi na hora.

Washington falou que eu era uma desequilibrada e mal agradecida. Fiquei calada, conversando apenas com meus pensamentos. Então, tive uma ideia meio maluca e um pouco desonesta, porém muito boa. No dia seguinte, me arrumei o melhor que pude e fui até o escritório da Urbis. Às 8h, eu já estava sentada na sala de espera do escritório do presidente. Falei para a secretária que eu era afilhada do doutor José Cardoso, filha do doutor Francisco Bastos e que precisava falar com ele pessoalmente. Ela me perguntou qual era o assunto e eu respondi que era pessoal.

- Diga a ele que a filha do doutor Francisco está aqui. Ele sabe quem eu sou! – falei.

Para a minha surpresa e felicidade, o presidente me recebeu.
- "E você é minha afilhada?"

- Não! mas vou me tornar agora! – respondi.

Então, eu lhe contei a minha história... que tinha três filhos, e estava esperando o quarto. Falei que morava em um quartinho na casa da minha mãe e que precisava de uma casa com mais cômodos para os meus filhos.

Falei que havia conseguido um imóvel na Urbis, mas era muito pequeno para as minhas necessidades e lhe pedi que fosse o meu "padrinho" naquela missão de conseguir um lugar maior para à minha família. Levei até as certidões de nascimento das crianças para provar que eu não estava mentindo. Depois de ver todos os documentos, ele olhou para a minha barriga e disse:

- "Esse menino tem muita sorte de ter uma mãe tão linda e tão inteligente!"

Eu agradeci com um imenso sorriso e ele solicitou à sua secretária que ela me entregasse as chaves de um apartamento no Conjunto Habitacional Cajazeiras 6, que tinha dois quartos. Eu pulei de alegria e emoção! Receber aquele imóvel foi como ganhar na loteria. Saí dali direto para Cajazeiras e tomei posse do local onde moraria com meus filhos por alguns anos.

O apartamento não tinha piso, nem reboco, nem portas nos quartos ou no banheiro. Era apenas uma caixa de blocos coberta, mas, para mim, era como se eu estivesse ganhando uma mansão. Eu nem reparava que não havia portas ou piso. Eu só me via ali dentro, com meus filhos, vivendo em paz!

Corri para a casa de minha mãe radiante e lhe contei como havia sido a reunião. Falei o quanto estava feliz e disse que queria me mudar o mais rápido possível. Mamãe, no entanto, achava que eu deveria esperar o bebê nascer, pois eu já estava no sétimo mês de gravidez. Falei com Washington, que foi comigo ver o apartamento, mas não gostou. Achou que era pequeno, que não tinha reboco, nem portas e que ficava muito longe. Listou todos os defeitos que conseguiu encontrar e disse que não queria morar lá.

- Se você não quer morar aqui, não tem importância! Eu vou me mudar sozinha com meus filhos. – disse a ele.

Porém, eu não tinha condições financeira para realizar a mudança, e nem para me manter sozinha, vivendo lá com as crianças. Washington recebia o salário a cada quinze dias, mas sempre arrumava uma desculpa pra explicar porque o dinheiro nunca dava para as nossas necessidades. Eu comecei a comprar as coisas para o apartamento, aos poucos, enquanto continuava morando na casa de minha mãe. Marcos nasceu de oito meses. Todos os meus filhos nasceram antes do tempo.

Então, esse filho me trouxe realmente muita luz! Não que os outros três não tenham trazido. Eles trouxeram também, cada um à sua maneira. No dia em que Marcus nasceu, eu tinha ido visitar minha boa amiga Tita, em sua livraria. A mãe dela havia falecido e eu não pude ir ao enterro, pois minha irmã tinha sofrido um atropelamento no mesmo dia.

Enquanto eu estava na livraria conversando com Tita, começaram as contrações. Eu me desesperei, pois na mesma hora me recordei do nascimento de Taís, e comecei a chorar, com medo de morrer. Tita me levou para o Hospital Santa Isabel e conseguiu arrumar tudo para que, após o parto de Marcus, eu tivesse as trompas ligadas.

Ela pagou pelo atendimento particular com um cheque. O médico me examinou e disse que ainda não era hora de o bebê nascer, que as contrações ainda estavam muito espaçadas e que eu poderia ir embora e só voltar quando as contrações estivessem acontecendo a cada três minutos.

Eu voltei para casa, mas logo as dores aumentaram e retornei para o hospital com o meu irmão. Já com tudo organizado, fui internada, recebi anestesia e tive um parto sem dor. No dia seguinte, não conseguia mexer as pernas, e isso foi horrível!

Nunca tinha recebido uma anestesia raquidiana, e aquela sensação me assustou, entrei em pânico com a possibilidade de não poder mais andar. Mas, o médico me examinou, as pernas voltaram ao normal e pude levantar da cama e caminhar. Que alegria! O nascimento de Marcus foi realmente maravilhoso! Eu agradeço muito à Deus e à minha amiga Tita. Foi através desse parto que pude fazer a cirurgia de laqueadura de trompas.

Depois do nascimento de Marcus, eu continuei casada com Washington ainda por oito anos e, se não tivesse ligado as trompas, certamente teria tido mais uns quatro filhos com ele. Por isso, digo, depois desse filho, minha vida começou a mudar. Eu ainda continuei na casa de minha mãe até Marcus completar três meses de vida. Tomei coragem e me mudei para o meu apartamento, mesmo sem ter condições. Naqueles três meses, tentei fazer minha mudança todas as semanas, mas sempre acontecia algo que impedia. Ou era algum problema de saúde com Taís, ou algum impedimento financeiro.

Todas as noites daquele período eu tinha pesadelos horríveis e não conseguia entender o motivo de tantos sonhos ruins, fui ficando cismada. Até o dia em que fui até a casa de minha irmã, pedi ao meu cunhado que me emprestasse a caminhonete com um motorista e fiz a mudança do jeito que deu.

Peguei todas as minhas coisas e meus filhos, e me mandei para o meu apartamento, mesmo sem piso, sem reboco e sem portas. Washington falou que não iria para uma casa naquelas condições, mas, no dia seguinte, pensou melhor e mudou comigo.

Todos os dias, jogava um pouco de água no chão para não juntar tanta poeira, me esforçava ao máximo para manter tudo limpo, pois estava com um bebê pequeno. Washington arrumou um emprego melhor e ficamos com esperança de que a nossa vida iria deslanchar.

Não demorou para que Washington começasse a passar uns dias fora de casa. Cada vez que recebia o "ordenado", ele sumia e só reaparecia com pouco dinheiro. Me sentia revivendo à época da minha infância, em que vivia na escassez.

Às vezes, eu conseguia comprar um frango e dividia-o para a semana inteira, com as três crianças, pois Raul ainda continuava morando com a minha cunhada. Minha mãe, de vez em quando, trazia algumas frutas para ajudar na merenda dos meninos. Eu não estava trabalhando, pois Marcus ainda era muito pequeno. Então, comecei a falar para as vizinhas que eu sabia fazer unhas. Na verdade, eu não sabia, mas dava sempre um jeito para conseguir ganhar algum trocado. Teve um final de semana em que Washington saiu para trabalhar na quinta-feira e, até a segunda-feira não tinha voltado para casa.

Eu não tinha telefone em casa e fui até minha vizinha, dona Isaura, um dos "Anjos" que sempre tive em minha vida, pedir para dar um telefonema. Um homem chamado Sérgio atendeu e me disse que Washington ainda não havia chegado. Expliquei que meu marido havia saído de casa para trabalhar na quinta-feira pela manhã e não havia voltado. Falei que as crianças estavam sem leite e com fome e que eu estava com a dispensa completamente vazia. Ele ficou estarrecido!

- "Venha hoje mesmo aqui, que é o dia em que ele vai receber dinheiro. Pode vir que eu vou dar o pagamento dele em suas mãos".

Eu não conseguia acreditar! Na mesma hora, pedi que dona Isaurinha olhasse as crianças e peguei um dinheiro emprestado para o táxi. Fui para a empresa de Washington, correndo antes que ele chegasse. O próprio doutor Sérgio, um engenheiro, muito bonito e elegante, me recebeu e me passou um "bolo" de notas. Eu nem sabia quanto Washington ganhava, mas ali tinha algo em torno de cinco mil reais, em valores de hoje.

Ele pediu que eu assinasse um recibo e que contasse o dinheiro. Depois que conferi, e já estava colocando o maço dentro do sutiã, Washington chegou! Ele tomou um susto ao me encontrar e perguntou o que eu estava fazendo ali.

- Eu vim aqui ter notícias suas, pois você não aparece em casa há quatro noites – respondi.

Doutor Sérgio questionou como ele podia me deixar em casa, com meus filhos sem leite, por três dias. Washington pediu que ele não interferisse, pois aquele era um assunto pessoal. Agradeci ao doutor Sérgio e saí, mas Washington veio atrás de mim feito um louco, me pedindo o dinheiro. Eu disse que não devolveria e ele me falou:

- "Quando eu chegar em casa, eu quero todo o dinheiro!"

Eu falei que entregaria, desde que ele me desse o suficiente para fazer a feira. No entanto, saí da empresa e fui diretamente para uma loja de materiais de construção. Pedi um orçamento para colocar o piso, as portas e rebocar todo o apartamento. O próprio dono da loja me recomendou um pedreiro, que foi comigo, na mesma hora, orçar sua mão-de-obra. Com o salário de Washington, eu comprei o material da reforma, guardei uma parte para pagar o pedreiro a primeira etapa do serviço e, com a outra parte, fiz uma compra muito boa no supermercado. Comprei mantimentos para o mês todo.

Graças à Deus, o dinheiro sempre rendia muito na minha mão. Ainda sobrou para me matricular em um curso de cabeleireiro, que eu frequentei durante seis meses.

Quando Washington chegou em casa, às 20h, eu já havia feito tudo isso e ele encontrou as caixas do piso e o cimento para a obra que começaria no dia seguinte. Ele surtou! Queria que eu devolvesse tudo e pegasse o dinheiro dele de volta. Eu disse que não faria isso de jeito nenhum. No outro dia, começou a reforma e eu, finalmente, deixei meu apartamento do jeito que eu sonhava.

É aquela velha frase: "Tem poder quem age, mas tem mais poder quem age certo!". Eu me acolho, eu me aprovo, eu me apoio, eu me perdoo, eu me amo e sigo em frente, sempre...

19 RESTAURANTE DE DORA BELEZA

Washington ficou muito chateado e pediu demissão do trabalho. Passamos, então, muita dificuldade por estarmos os dois desempregados, me virava como podia, como manicure, cabeleireira e até mesmo faxineira.

Algumas semanas eram muito difíceis. Às vezes, eu limpava a casa da minha irmã mais velha e ela me dava a feira da semana, para que não nos faltasse comida. Cheguei a me matricular no supletivo, para terminar meus estudos, mas eu não tinha mais ânimo para estudar. Um dia, minha prima Deusa veio me visitar e me falou sobre um posto de gasolina, que era uma parada de caminhoneiros, onde eles passavam uma noite ou até vários dias esperando uma carga.

Ela me disse que, nesse local, não havia ninguém vendendo comida e sugeriu que eu fosse até lá, oferecer café da manhã. Eu gostei da ideia na mesma hora. Mais uma vez, pedi um dinheiro emprestado para a minha vizinha, dona Isaurinha. Comprei os ingredientes e fiz um cardápio com cuscuz, carne frita com aipim ou batata-doce, bolo, pão e mingau. No dia seguinte, às 5h30, eu já estava no posto, oferecendo meus quitutes. Levei comigo meu filho Júnior, que, nessa época, já tinha sete anos.

Quando chegamos os caminhoneiros estavam mesmo com fome e compraram tudo, porém me sugeriram levar algo mais substancioso, como uma feijoada. Caminhoneiro gosta de comer bem, principalmente porque levam horas na estrada e podem demorar muito para se alimentar novamente.

Eu pedi que não se preocupassem e garanti que no dia seguinte, levaria uma boa panela de feijão. Nesse mesmo dia, paguei o dinheiro que tomei emprestado de dona Isaurinha e, com o lucro, comprei o material para fazer a feijoada.

Quando Washington chegou, me viu cozinhando e logo perguntou porque eu estava fazendo tanta comida? Eu expliquei que era para vender em uma parada de caminhoneiros. Ele ficou furioso e disse que, se eu fosse, ele iria me largar. Para mim, não importava o que ele falasse, eu precisava trabalhar.

Na manhã seguinte, com sol de verão, cheguei no posto, com o meu filho Júnior e vendi tudo mais uma vez. Então, um senhor, que era dono de uma transportadora, perguntou quem havia preparado o feijão.

- "Foi você ou foi sua mãe?"

- Fui eu mesma! – respondi.

Ele achou que eu era muito jovem para saber cozinhar tão bem. Então, nos apresentamos e conversamos por alguns momentos. Seu Paulo, esse era o nome dele. Um homem muito simpático! Ficamos íntimos rapidamente e ele me perguntou se eu voltaria no dia seguinte.

- Estarei aqui! Venho todos os dias, de segunda à sexta-feira. –
respondi.

Então, ele me mostrou o galpão em que começou seu primeiro
escritório e que agora estava vazio.

- "Se você quiser, em vez de ficar trabalhando lá no sol, você
pode vender aqui dentro!" – ofereceu.

- O Senhor vai me alugar? – perguntei.

- "Eu estou te emprestando esse espaço para que você possa
trabalhar. Quando não quiser mais, é só me devolver as chaves.
Você só precisa limpar!"

As paredes estavam bem sujas e mofadas e não havia piso no
chão. Estava cheio de mato e buracos. Havia até ratos. Quando
cheguei em casa com os ingredientes, liguei para a minha mãe e
pedi que ela viesse preparar a feijoada dos caminhoneiros,
enquanto eu e minha irmã caçula íamos até o posto ajeitar tudo
por lá.

Compramos uma tinta barata, um saco de cimento e um pouco
de areia. Nós duas capinamos e pintamos as paredes. Eu mesma
misturei o cimento com areia e água e passei pelo chão com a
vassoura mesmo. Deixei as portas e janelas abertas para ventilar.
Na manhã seguinte, já comecei a atender no galpão com minha
irmã caçula e meu filho. Quando Seu Paulo chegou, ficou
surpreso com a transformação do local.

- "Vocês fizeram tudo isso ontem?" – perguntou.

- Sim, eu e minha irmã fizemos tudo sozinhas! – admiti, orgulhosa.

Ele mandou me trazerem uma mesa grande, com lugar para umas dez pessoas e dois bancos compridos. No dia seguinte, eu já levei toalhas e um jarrinho com flores. Meu sucesso foi tanto, que Seu Paulo mandou colocar uma placa: "Restaurante de Dora Beleza", e passei a ganhar muito bem. Logo, minha mãe e minha irmã ficaram trabalhando para mim. Washington também voltou a trabalhar. Graças à Deus, começamos a viver um período de fartura. Depois de dois anos meu dinheiro já havia triplicado. Eu já tinha freezer e fogão.

Comprei móveis novos para o nosso apartamento, que já estava pronto. Washington tinha um bom emprego, mas quase não trazia nada para dentro de casa. Então, decidi que queria parar de trabalhar, pois já estava cansada e achava que era responsabilidade dele sustentar à família.

Hoje eu não penso mais assim. Acredito que um casal pode dividir as despesas, embora eu não precise mais me preocupar, pois meu atual marido cuida de tudo. Eu continuo trabalhando pelo prazer de receber o meu próprio dinheiro e de me sentir independente. Então, depois de dois anos de muito trabalho, eu decidi fechar o restaurante. Vendi tudo o que eu havia comprado para o negócio e devolvi as chaves do galpão para Seu Paulo.

Após um tempo sem trabalhar, usei o dinheiro para investir em confecção. Comecei a viajar para Belo Horizonte, Rio de Janeiro, São Paulo e também para o Paraguai. Passei alguns anos vivendo assim: viajando para comprar roupas e revendendo na minha cidade.

Enquanto isso, Washington continuava do mesmo jeito: trabalhava, mas não ajudava quase nada em casa, financeiramente

20 RESGATANDO O AMOR-PRÓPRIO

Depois de um tempo de relativa tranquilidade, passei por uma "quebradeira". Levei muitos calotes de clientes, que me passaram cheques sem fundo, aí comecei a dever muito dinheiro e fui à falência.

Minha vida virou de cabeça para baixo novamente. Separava e voltava com Washington, que levava uma vida dupla, comigo e com outra mulher que tinha. Certo dia ele me convenceu a vender meu apartamento, para dar como entrada em uma nova residência, em um condomínio melhor.

Era um empreendimento novo, com piscina e elevador, em um bairro mais bem localizado. Um verdadeiro sonho pra mim, que sempre desejei morar mais perto do centro. Porém, nós só conseguimos pagar o financiamento até à terceira prestação. O imóvel ainda não estava pronto e logo recebemos a notícia de que tínhamos perdido o investimento.

Eu fiquei arrasada! Havíamos perdido a casa própria. Quando Washington trabalhava na Codeba, chegou a ser presidente do Sindicato dos Portuários de Salvador e conheceu muita gente importante. Teve contato com o futuro Presidente da República, Luiz Inácio Lula da Silva, quando ele ainda era presidente do Sindicato dos Metalúrgicos, conheceu a então deputada Lídice da Mata, que depois chegou a ser Prefeita de Salvador. Washington teve muitas oportunidades para melhorar de vida!

Chegou a se candidatar vereador, fez campanha, mas não se elegeu.

Washington passava noites e noites fora de casa, sendo o mesmo boa vida, o mesmo irresponsável! E eu continuava terminando e reatando o meu relacionamento com ele, não só pela dependência emocional, mas também pelo medo de criar meus filhos sem o pai e ironicamente foi isso mesmo que aconteceu.

Criei meus filhos com outro, mas graças à Deus tive mais sorte que minha mãe, pois meu segundo marido foi um padrasto responsável, oferecendo uma excelente educação aos meus filhos, tanto proporcionando acesso à escolas de qualidade, como também lhes ensinou valores de caráter e responsabilidade com a vida e acima de tudo lhes deu amor.

Voltei a vender comida, mais dessa vez para um tipo de jogo clandestino. Eu preparava tudo em casa e levava setenta e duas marmitas já prontas de almoço com sobremesa. Cada dia tinha duas opções e os pedidos eram feitos no dia anterior, às vezes eu levava três a quatro quentinhas extras para vender, ou dar de cortesia para os seguranças.

Trabalhar com esse pessoal era muito desconfortável, pois eu e minha irmã caçula íamos na "toca do lobo", como se diz na Bahia. O local era onde se contava todo dinheiro dessa empresa de "apostas". Ficava muito longe, em lugar com muros altos e todo cercado de homens armados com metralhadoras. Fiquei fornecendo comida ali por alguns meses e depois comecei a ter problemas e sabendo do meu temperamento, minha mãe pediu que eu largasse aquele trabalho e eu larguei.

Até dei umas "pegadas" no "cabeça" dessa máfia e ele chegou a propor me dar um apartamento na Pituba, bairro classe média de Salvador. Ele tinha na faixa dos seus quarenta anos, bonito, cheiroso e cortês, mas quando me falou que mandava matar seus inimigos. Tomei pavor! Disse que se eu quisesse, mandaria "dar cabo" do pai dos meus filhos. Fiquei muito assustada!

Ficamos "amigos" e chegamos a fazer uma viagem para Ilhéus, pois tive receio de recusar e ele me fazer uma maldade, ou mesmo matar ou pegar um dos meus filhos. Mas para minha surpresa, ele foi muito simpático e a viagem foi descontraída. Ele me elogiou, disse que eu era uma menina maravilhosa, que tinha muito respeito por mim, e que fez aquele convite apenas para me mostrar que ele não era um monstro.

Queria a minha amizade e nada mais! Depois disso ainda nos vimos algumas vezes, mas só como "amigos". Que pena! Ele era um gato! Mas graças à Deus eu sabia que não era uma boa companhia para mim. Minha intuição dizia que no momento que eu aceitasse aquele apartamento, venderia minha alma ao diabo, eu deixaria de ser "escrava" de uma relação abusiva, para ser "escrava" de um mafioso.

Washington foi a pessoa mais desonesta e egoísta que eu conheci em toda a minha vida e acho que jamais vou conhecer alguém igual. Principalmente, porque eu não quero mais esse tipo de pessoa na minha vida. Hoje, elas nem chegam mais perto de mim! Desperdicei a minha juventude com ele. Quando Washington ficava na pior, ele voltava. Eu era o seu porto "seguro"!

Esse relato vai chocar muitas pessoas, pois eu nunca contei a ninguém. Como esta é a minha história, me sinto no direito de contar e não me importo com o julgamento de ninguém. Quem quiser me julgar, que julgue! Na véspera de completar trinta anos, Washington disse que tinha uma surpresa para o meu aniversário! Fiquei muito feliz e, ao mesmo tempo, curiosa.

- "Nós vamos viajar para o Rio de Janeiro! Vamos passar uma semana hospedados no Hotel Copacabana Palace. Só eu e você! Vamos resolver nossa história!" – ele disse.

Washington me entregou uma passagem, marcada já para o dia seguinte e prometeu que me encontraria, no sábado, pois tinha uma reunião no Sindicato na noite seguinte.

- "Vamos passar o dia do seu aniversário juntos, lá no Rio de Janeiro!" – garantiu.

Viajei para o Rio no dia 18 de outubro, esperando que Washington fosse realmente me encontrar. O resultado foi que passei o meu aniversário sozinha e que fiquei uma semana no Rio de Janeiro, tentando me comunicar com ele, sem sucesso! Viajei apenas com a passagem de ida, pois a volta ele compraria para nós dois regressarmos juntos. Passei uma semana naquele hotel chique, mas com uma tristeza de dar dó! A única coisa que "aproveitei" foram os banhos de banheira. Passava o dia inteiro tentando ligar para o trabalho de Washington. Caminhava pela praia desencantada da vida!

No último dia de hospedagem, arrumei minha mala, guardei na recepção e ainda tinha esperança de conseguir falar com Washington. Deixei mais alguns recados no trabalho e na casa da mãe dele. Depois disso, parei para refletir! Meu Deus! E agora? Eu tinha pouco dinheiro, não tinha mais diárias no hotel e não conhecia absolutamente nada no Rio! Sentei na areia e as lágrimas começaram a escorrer pelo meu rosto se misturando com o sal da brisa do mar...

Quanta tristeza! De repente um menino de uns três aninhos começou a brincar de jogar areia em mim. Era mais um Anjo de Deus enviado. A mãe dele veio correndo para repreendê-lo e perguntou.

- "Moça, porque você está chorando desse jeito?"

Naquele momento eu necessitava demais de um amparo, de uma orientação, e então, eu lhe contei tudo que estava passando. Ela ficou muito sensibilizada e me convidou para ficar em sua casa.

- "Eu moro com três amigas em um apartamento de dois quartos, mas, se você não se importar de dormir no chão, pode dormir no meu quarto".

Ela me contou que trabalhava à noite e que, às vezes, deixava o seu filho trancado e sozinho, pois não tinha com quem deixá-lo.

Aceitei o convite e passei a cuidar do seu filho. Foi assim que conheci uma das pessoas mais maravilhosas do mundo, de quem sou amiga até hoje. Ana mora, atualmente, na Itália. Naquele dia, pegamos as minhas coisas no hotel e fomos para a sua casa, onde eu morei durante dois meses. Mesmo com tudo que eu já havia vivido, eu era uma jovem inocente. Não tinha malícia. Ana saía todas as noites, muito bem vestida e de salto alto. Até que eu lhe perguntei:

- Você vai para alguma festa?

- "Não, vou trabalhar!" – ela respondeu.

- Você trabalha onde, vestida assim? – questionei.

- "Eu acompanho executivos em jantares de negócios".

Eu achei um emprego interessante e perguntei se ela e as outras amigas trabalhavam na mesma empresa.

- "Ou essa daí tá se fingindo de besta, ou é muito burra mesmo!" – comentou uma das amigas.

Elas ficaram rindo e eu ainda sem entender. Ana saiu e disse que, na volta, iria me explicar com calma o seu ofício. Fiquei mais uma vez cuidando do filho de Ana, o Daniel. Nesta noite caí no choro de saudades dos meus filhos! As meninas voltaram pela manhã com peixe, camarão e alguns temperos me perguntando se eu sabia fazer comida baiana.

- Claro! É a minha especialidade! – respondi.

Fui para a cozinha e preparei uma deliciosa moqueca de peixe com camarão, acompanhada de arroz, feijão, molho de pimenta e farofa de azeite-de-dendê, como faz uma boa baiana.

Comemos, conversamos um pouco, elas foram dormir e eu fui passear com Daniel na praia. Passaram alguns dias, e Ana me revelou que era uma garota-de-programa. Eu era tão inocente, que não conhecia o termo "garota-de-programa". Então, Ana me explicou que era a mesma coisa que uma prostituta de luxo.

Fiquei chocada e apreensiva, mas Ana conversou comigo os seus motivos e me convenceu que aquela era uma profissão como outra qualquer. Ela trocava sexo por dinheiro. Questionei se ela não se sentia mal fazendo isso.

- "Estou consciente que é uma troca, que estou ali apenas pelo dinheiro. Não estou "dando" meu corpo a um homem de "graça", que era o que eu fazia antes, iludida em sonho de uma relação séria, de uma vida melhor". – ela me respondeu.

Ana me explicou que, depois que deixou do pai do seu filho, transava com homens por qualquer carinho. Era o mesmo que eu fazia com meu ex-marido. Aceitava me deitar com ele por qualquer migalha de afeto.

- "É melhor fazer sexo por dinheiro, pelo menos, eu tenho certeza que é só isso o que eles querem". – concluiu.

Eu a compreendi perfeitamente e nunca julguei a Ana e nem as suas amigas. Depois daquela conversa, a minha cabeça abriu. Compreendi que algumas mulheres não são prostitutas porque são "safadas", mas porque a vida pode levar por buscas de alguns sentimentos, ou estabilidade financeira, e cada qual sem importar o seu motivo, merece respeito!

Um certo dia, Ana me convidou para sair com seus amigos e eu aceitei. Conheci um rapaz que era um jornalista famoso, mas não lembro o nome dele. Ele era muito simpático, mas muito gordinho. Ficamos conversando e ele me convidou para jantar. No dia seguinte, saímos, jantamos e depois fomos até a casa dele. Eu lhe contei toda a minha história e ele disse:

- "Baiana, volta para tua terra! Isso aqui é muito perigoso! Não é pra você! Você é uma menina inocente. Volta para a tua família! Eu vou te levar para casa".

Acredito que eu estava ali para fazer programa. Acho que a minha amiga combinou algo com ele, sem que eu soubesse, mas ele não teve coragem de se insinuar para mim. Ele foi muito simpático e honesto comigo. Outra vez que eu aceitei sair com a Ana, fomos com alguns dos seus amigos para o show do cantor Wando, no Canecão. Foi maravilhoso, com uma superprodução!

Na semana seguinte, Ana me convidou para irmos a uma boate e, desta vez, eu bebi muito. Dancei e me diverti. Depois que parou a música, teve um show de sexo ao vivo. Algo que eu nunca havia assistido antes. Uma moça negra, muito bonita, vestida com uma malha de onça, e um rapaz fantasiado de caçador. Um show de sexo explícito. Foi incrível! Incrível mesmo! Eu não lembro o nome dessa boate e, até hoje, acredito que não conseguirei assistir algo parecido outra vez.

Foi fantástico! Depois do show, ficamos bebendo com um grupo de empresários e fiquei completamente alcoolizada. Até que Ana me chamou:

- "Dorinha, Venha! Quero te mostrar uma coisa!"

Fomos para o andar superior, onde havia vários quartos. Ana ia passando, abrindo as cortinas e me mostrando coisas que você nem pode imaginar. Era "Sodoma e Gomorra". Uma "putaria" que eu nunca sequer imaginei.

Homem com homem. Dois homens com cinco mulheres. Velhos e velhas pelancudos transando com meninos e meninas jovens. Fiquei horrorizada! Diferentemente do show de sexo, eu não gostei do que vi ali. Como eu já estava ficando enjoada, Ana me encaminhou para a sauna.

Eu lembro que estava usando um salto alto e um macacão preto curtinho que a própria Ana costurou pra mim. Ana desenhava e costurava muito bem. Poderia ter sido uma mulher da alta costura.

Ana me deixou na sauna e pediu que eu a esperasse ali, enquanto ela iria buscar água. Eu não estava me sentindo bem, pois havia bebido muito. Tinham vários homens e mulheres completamente nus e um grupo se aproximou querendo ficar comigo. Eu os mandei ficarem longe e ninguém encostou. Então, eles começaram a insistir que eu tirasse a roupa, pois iria me fazer bem.

Um homem me ofereceu cem dólares para que eu ficasse nua. Outro ofertou cento e cinquenta dólares. Havia virado um leilão e quando o valor alcançou os quinhentos dólares, Ana chegou e começou a me incentivar.

- "Aceita, Dorinha, tira logo a roupa! Eu sei onde eu estou!"

- Não tiro coisa nenhuma. Me leva daqui! – eu dizia.

Bebi a água e fomos embora. Ana me deixou em casa e retornou para a boate com um amigo, que tinha acompanhado a gente. No dia seguinte, nós rimos muito daquela situação. Ana disse que eu era muito besta. Falou que em nenhum outro lugar alguém ganharia quinhentos dólares em uma noite apenas para tirar a roupa.

- Eles queriam me comer! – falei.

- "Ninguém iria estuprar você, Dorinha, eu garanto!"

Depois de ter visto tudo isso, Ana me convenceu a fazer programa. Ela me explicou que eu precisava apenas passar "meia" hora com o cliente.

- "Ele vai pagar cem dólares, você só precisa abrir as pernas e fingir que está gostando!"

- Tá certo! – decidi.

A maioria dos clientes era de empresários ou gringos. O primeiro e único cliente com quem eu "saí" era um alemão. Já era mais velho, mas não era feio. Era alto, malhado, olhos azuis e cabelos grisalhos. Eu confesso que pensei: vai que de repente, ele se apaixona por mim e me leva embora desse Brasil.

Quando cheguei ao quarto do hotel, ele abriu a porta vestindo apenas um robe. Eu fiquei nervosa, angustiada. Então, ele veio até mim e disse que eu podia tirar a roupa. Respondi que não queria e abri um berreiro. Comecei a chorar muito! Ele se assustou e começou a dizer:

- "*Go Go*" (Vai, vai) – falou, em inglês, que eu fosse embora.

Eu desci o elevador com pressa, entrei em um táxi, chorando, e segui pra casa. No dia seguinte pela manhã, contei a Ana como havia sido o "programa".

- Nem pra puta, eu sirvo! Por isso meu marido faz o que quer comigo. Eu não sou mulher nem pra isso. – dizia, com a autoestima despedaçada.

Então, decidi que não queria fazer programa. Outra vez, ela me chamou para jantar com um dos seus clientes e eu aceitei. Quem não quer comer e beber bem? Saímos e, nesse restaurante, conheci um paulista. Claudinei era um empresário de São Paulo que estava no Rio a trabalho, para uma temporada de dois meses. Muito simpático, me convidou para ir até a mesa dele. Eu senti uma atração muito forte e ele nem me perguntou nada sobre programa. Ficamos apenas conversando. Até que chegou a hora de Ana seguir com o seu cliente e ela perguntou se eu gostaria de ficar ali, com Claudinei. Eu respondi que sim, e fiquei.

Foi uma noite muito divertida! Ele me levou em casa sem tentar me dar nenhum beijo. Combinamos que ele me buscaria no dia seguinte, às 17h. Ele me pegou em casa no horário combinado e fomos até à praia do Arpoador, para assistir ao pôr-do-sol. Eu nunca tinha ido lá. Que lugar mais lindo! Aliás, todo o encontro foi lindo.

Eu contei a ele toda a minha história. Disse que tinha filhos, que era casada e apaixonada pelo meu esposo. Claudinei disse que se eu quisesse, ele seria o meu marido para sempre.

Ele era charmoso, galante, um homem encantador! Eu fiquei apaixonada, não por ele, mas pelo jeito dele. Ficamos amigos, mas ele estava apaixonado por mim. Até eu ir embora do Rio, mais ou menos um mês depois do nosso primeiro encontro, encontrei com Claudinei todos os dias. Uma vez até passei à noite na casa dele. Eu dormi em um quarto e ele no outro. Ficamos muito próximos, bebendo e ele tentou me dar um beijo, mas eu disse que não.

- "Está bem, minha baianinha, não se preocupe! Tudo ao seu tempo!" ele respeitou.

Claudinei foi quem comprou a minha passagem de volta para Salvador. Foi ele também quem me presenteou com o primeiro livro de Paulo Coelho, "O Alquimista". Antes de ir embora do Rio, ele foi comigo até uma boutique e comprou várias peças de lingerie para que eu vendesse. Ficamos nos comunicando por cartas e ele me enviou todos os livros do Paulo Coelho. Se eu já gostava de ler, os livros de Paulo Coelho, então me conquistaram de vez.

De volta à Salvador, Washington me comunicou que havia pedido demissão do Sindicato e que iria morar com Elba, definitivamente. Eles já eram amantes há dois anos. Elba largou o marido para ficar com Washington e Washington me largou para ficar com Elba. Hoje, eu sei que Elba foi a pessoa que me fez um imenso favor. Dou graças à Deus! Não compreendi no início, mas consegui entender isso depois de algum tempo.

Acabei entrando em depressão. Estava muito para baixo, desde que havia voltado do Rio de Janeiro. Minha cunhada aconselhou que Washington me levasse a um psicólogo e ele me levou, mas avisou que pagaria apenas pela primeira sessão.

Eu só me recordo do nome da psicóloga: Andréia. Contei toda a minha história de vida para ela. Washington conhecia à psicóloga intimamente, ela já havia sido uma de suas "namoradinhas". Meu Deus! Andréia me disse que Washington era um mau-caráter. Desabafou que não deveria me falar aquilo, mas que não tinha como evitar, diante de todo o sofrimento que constatou em mim.

- "Você tem que seguir a sua vida! Eu não posso ficar lhe consultando de graça, mas vou lhe indicar um livro que se conseguir seguir o passo-a-passo, você vai mudar sua vida!" – ela falou.

Andréia me deu o *best-seller* "Você Pode Curar Sua Vida", de Louise Hay e me prescreveu o uso de florais de Bach.

Eu segui todas as orientações e colocando tudo em prática, fui melhorando da depressão. Ainda tinha à esperança que Washington voltasse. Ele realmente voltou, mas por poucos dias. Naquela época, eu morava em uma casa emprestada pela mãe dele.

Ele alugou outro imóvel e me falou que viveríamos juntos novamente. Lá fui eu, mais uma vez, viver com Washington, mas, já no dia seguinte ele sumiu e passou a noite fora. E assim ficamos algum tempo. Ele passava a noite fora, voltava para casa pela manhã, trocava de roupa, saía para trabalhar e passava a noite fora de novo.

Eu continuava minha "terapia" e passei a tomar os florais de Bach. Até que, uma noite, tive um sonho incrível! Sonhei que estava em um lugar completamente deserto, com várias pequenas montanhas de areia.

Para sair dali eu precisava escalar uma das montanhas até o topo, onde alguém pudesse me socorrer. Eu caminhava muito por aquele deserto, mas não chegava a lugar algum. Sempre que eu começava a subir uma das montanhas, ela se desfazia. Eu ia para outra e mais uma vez a montanha se esvaía. Eu sentia a areia escorrendo pelos meus dedos. De repente, quando eu me apoiei em outra montanha, uma mão forte me puxou para cima.

Chegando no alto, vi um homem lindo, de cabelos encaracolados negros e os olhos azuis. Parecia um deus grego. Neste lugar, havia muitas árvores gigantescas. Bem ao fundo, avistava uma casa cinza. E, despertei com a sensação de que tudo aquilo havia sido real. Não parecia que eu havia sonhado.

Ainda fiquei vivendo com Washington, naquela situação, por um ano. Ele sempre inventando uma desculpa nova. O aluguel começou a atrasar de novo, começou a faltar comida em casa, até que eu descobri que ele foi "obrigado" a pedir demissão do Sindicato. Descobriram que ele fez tanto "trambique", que o pouparam da humilhação de ser demitido e permitiram que ele mesmo pedisse demissão. Washington deixou nossos filhos na miséria total!

Eu passei a vender sanduíches na praia, aos finais de semana, e salgado nas "festas de largo", de Salvador. A depressão, no entanto, era constante. Meus pobres filhos, com pai e mãe desajustados. Quanta loucura em uma só vida!

Em uma daquelas noites, eu chorei tanto que não conseguia nem mesmo respirar. Pensei que fosse morrer por falta de ar. Posso garantir que não há nada que uma pessoa necessite mais do que ar. Naquele momento, sentindo minha vida se esvair, tomei uma decisão.

- Se Deus me permitir viver para criar meus filhos, eu largarei Washington para sempre!

Naquele exato momento, eu consegui respirar novamente. Minha promessa estava sacramentada.

Ajoelhei e agradeci à Deus! Decretei que a partir daquele momento, Washington estava fora da minha vida! Pedi à Deus forças para esquecê-lo e que colocasse em minha vida um homem bom e cheio de amor. Com muita fé pedi à Deus que limpasse meu coração daquela doença.

Na manhã seguinte, me levantei com muita energia. Coloquei uma feijoada no fogo e comecei a faxinar a casa. Lavei todas as paredes, de cima a baixo.

No momento em que eu estava limpando, Washington chegou e ficou impressionado com todo aquele entusiasmo. Eram os exercícios do livro de Louise Hay, que diziam que nós precisamos limpar nossas mentes e lares e jogar fora o que não usamos mais, o que não serve.

Ele chegou querendo me beijar, mas eu me afastei e disse que depois nós conversaríamos. Comentou que o feijão estava cheiroso e foi tomar banho. Quando terminou, veio todo arrumado e eu avisei:

- Washington, pega todas as suas coisas e sai da minha casa de uma vez por todas!

- "O que é isso, neguinha? Você tá maluca? Um dia tá bem, no outro dia tá de mau humor?"

- Eu não estou de mau humor. De hoje em diante, eu não lavo mais uma peça de roupa sua. Você não mora aqui, você mora com a outra. Então, leve todas as suas roupas pra ela lavar! - respondi.

- "Neguinha, tenha calma! Eu já lhe disse que eu estou resolvendo a minha vida!" – argumentou.

- Tem um ano que eu estou vivendo nessa casa! Tem um ano que você está resolvendo a sua vida e ainda não resolveu... agora sou eu que não quero mais! Acabou!

- "Tá bom! Quero ver quanto tempo isso vai durar!" - ele disse.

Quando Washington ia saindo, eu o mandei levar todas as suas coisas, mas ele disse que não sairia da casa, pois quem pagava o aluguel era ele.

- Nem isso você faz! Tem três meses que o aluguel está atrasado e a dona do imóvel já veio até avisar que vai dar ordem de despejo! - respondi.

- "Eu vou resolver isso e já volto..." – disse, se dirigindo à porta.

- Leve suas, coisas ou eu vou atear fogo nelas! – avisei.

- "Pode tocar!" – falou, batendo a grade.

Na mesma hora, eu peguei uma garrafa de álcool e molhei uma das três sacolas de roupas que eu já havia deixado prontas. Eu morava no terceiro andar. Fui até a janela, arremessei uma das sacolas pegando fogo e gritei:

- Washington, olha aí suas roupas!

Em seguida, joguei as outras duas sacolas sem queimar.

- "Essa mulher enlouqueceu!" – ele disse.

Enquanto os vizinhos olhavam e faziam a maior algazarra, eu gritava:

- Vai embora, vagabundo! Caloteiro! Irresponsável!

Ele pegou os dois sacos e deixou o que estava queimando na rua mesmo. Eu voltei a arrumar a casa e minha mãe chegou com minha irmã. Contei que havia colocado Washington para fora e que nunca mais queria ele de volta na minha vida. Minha mãe agradeceu à Deus pela minha decisão, e como boa mãe, me deu seu colo para que eu chorasse.

- "Minha filha, porque você não sai? Vai se divertir com uma amiga!" – ela sugeriu, mas eu não tinha dinheiro.

Era dia 20 de novembro de 1992, uma sexta-feira. Minha mãe me deu um dinheiro que ela havia recebido e fui encontrar uma amiga, que trabalhava no Banco Econômico.

Fomos a um barzinho, tomar cerveja e conversar sobre a vida. O fato é que, neste dia, acabou meu casamento com Washington. Nos conhecemos no dia 15 de novembro de 1977 e terminamos no dia 20 de novembro de 1992.

Esse é o fim do capítulo de Washington em minha vida. Hoje, eu entendo, claramente, que este relacionamento foi baseado na descrença em mim mesma. Na sensação de ser indigna do amor e com a mais baixa das autoestimas. Eu perdoava e aceitava toda a leviandade de meu ex-marido em troca de qualquer migalha de afeto.

Os abusos que enfrentei quando criança e o comportamento que fui desenvolvendo ao longo dos anos, só podiam atrair um homem que usava da minha inocência e do meu amor, para me desprezar depois.

Eu não posso culpá-lo por isso! Eu que entreguei a minha vida nas mãos dele! Eu que não tive identidade própria!

Eu que entreguei todo o meu amor, esquecendo de me amar primeiro! Preste à atenção! Não estou desculpando o mau-caratismo de Washington. Ele não mudou e nunca vai mudar, pois, quando um ser humano é fraco de caráter, ele acaba se viciando nisso.

Hoje quando lembro do meu ex-marido sinto uma enorme compaixão. Ele seguiu a sua vida trocando de mulher como se troca de roupa. Nunca teve um relacionamento duradouro, pelo menos que a gente saiba. Vive longe dos filhos, praticamente sem contato, a não ser quando os meninos viajam para o Brasil a cada seis anos. Só sabe dos netos por fotos do Facebook. Penso que deve ser triste não ter o "aconchego" que um lar e os filhos nos traz, especialmente quando começamos a envelhecer.

Também imagino que talvez ele não sinta nada em relação aos filhos, pois sempre dizia que era pai por "acidente de percurso" e nada mais! Pode ser que seja mesmo, não devo julgá-lo e sim agradecê-lo, pois sendo por "acidente" ou não ele gerou em mim os melhores filhos do mundo e por isso eu lhe sou muito grata!

O amor-próprio é algo que devemos praticar para que ele desperte. Todos nós nascemos com amor-próprio, mas, às vezes, esquecemos dele em algum lugar da nossa infância ou da adolescência e acabamos deixando as pessoas fazerem de nós o que querem.

No dia em que eu comecei a exercitar o amor-próprio e a comprar livros de autoajuda, tudo em minha vida começou a se transformar. Eu repetia mais de duzentas vezes em frente ao espelho:

Eu me amo. Eu me aprovo. Eu sou digna de receber amor. Eu sou uma boa mãe. Eu tenho um bom marido. Eu tenho um casamento feliz!

Eu escrevia e repetia essas afirmações sempre. Tudo que aprendia nas minhas leituras, eu colocava em prática. Depois de um ano de uma profunda ressignificação no meu íntimo. O milagre aconteceu!

Para finalizar a minha história com Washington, quando penso desde o nascimento dos meus quatro filhos até o último dia que convivi com ele. Eu me inspiro neste texto de Augusto Cury:

"Que o Mestre dos Mestres lhe ensine que nas falhas e lágrimas se esculpe a sabedoria. Que o Mestre da Sensibilidade lhe ensine a contemplar as coisas simples e a navegar nas águas da emoção.

Que o Mestre da Vida lhe ensine a não ter medo de viver e a superar os momentos mais difíceis da sua história.

Que o Mestre do Amor lhe ensine que a vida é o maior espetáculo no teatro da existência. Que o Mestre Inesquecível lhe ensine que os fracos julgam e desistem, enquanto os fortes compreendem e têm esperança. Não somos perfeitos.

Decepções, frustrações e perdas sempre acontecerão. Mas Deus é o artesão do espírito e da alma humana. Não tenha medo. Depois da mais longa noite surgirá o mais belo amanhecer. Espere-o". (CURY, Livro O Mestre dos Mestres. Vol. 1,2006)

21 O RENASCIMENTO

Em uma noite de novembro, saí para comemorar com a minha amiga Itana o fim do meu casamento com Washington.

Saímos, jantamos e conversamos muito sobre os nossos relacionamentos. Nesta noite, três rapazes mandaram entregar rosas e também servir cervejas em nossa mesa. Nós recusamos tudo! Estávamos tão decepcionadas com nossos ex-maridos, que não aceitamos nenhum convite.

Depois que pagamos nossa conta, Itana foi ao banheiro. Enquanto eu a aguardava na porta do restaurante, um homem do outro lado da rua acenou para mim e eu acenei para ele. Acenei sem intenção, mas por educação, posso dizer. Entretanto, ele imediatamente veio em minha direção:

- Olá, me chamo Robert! Você quer tomar uma cerveja comigo? - disse, meio sem jeito.

Percebi pelo sotaque que era gringo. Pele branca, alto, cabelos negros e olhos castanhos, bonito e atraente, mas eu sinceramente, não estava interessada e apenas respondi que já estava de saída. Ele insistiu que acompanhássemos em uma cerveja, que nos daria uma carona até em casa. Perguntei se ele morava no Brasil ou estava apenas fazendo turismo.

Ele respondeu que morava e que era professor na Escola Panamericana de Salvador. Como sempre morei em bairros pobres, nunca tinha ouvido falar daquela escola internacional. Ele perguntou sobre mim e quem respondeu foi minha amiga:

- "Ela é casada e tem quatro filhos!".

- "Você fala por ela?" - ele cortou e nós rimos do seu jeito direto de falar.

Robert contou que morava em Salvador há um ano e que era divorciado. Eu expliquei que ainda era casada no "papel", mas que já estava separada de corpos. O papo ficou interessante e, quando olhei no relógio, já era meia-noite. Fomos parar no apartamento dele, que era bem próximo de onde estávamos. Ele nos convidou para dormir lá, mas antes tivemos uma pequena discussão. Queria ter certeza de que Robert estava sozinho e que não era uma casa só de homens em busca de "gandaia" com mulheres. Ele ficou ofendido, nos desculpamos e fomos. Robert foi super gentil e Itana quis logo ir dormir, pois viu que ele estava mesmo interessado em mim.

Robert morava em um super apartamento na Graça, bairro nobre de Salvador. Eu já gostei, pois de jeito nenhum queria parar em outra favela, com um pé rapado. Ficamos deitados na rede da varanda, bebendo e conversando. Eu fumava um cigarro atrás do outro e ele me avisou que não gostava de cigarro, nem de mulher que fuma.

- "Você pode parar de fumar hoje?" - perguntou.

Apaguei meu último cigarro e continuamos conversando sobre música. Robert conhecia tanto sobre música brasileira que fiquei impressionada. Ele perguntou qual tipo de música estrangeira eu gostava e respondi que adorava Elton John, Beatles, Tina Turner e Michael Jackson.

Não sei dizer em que momento adormecemos, mas, quando abri os olhos, ao lado dele naquela rede, nós dois estávamos envolvidos pela luz do sol, que brilhava ardentemente sobre nossos rostos.

Olhei para o semblante daquele homem adormecido e recordei do rosto que vi um ano antes de conhecê-lo, no sonho que tive nas montanhas de areia no deserto. Meu coração acelerou e eu sabia que era o mesmo rosto. Uma onda elétrica percorreu todo o meu corpo. Então, ele abriu os olhos e ficamos encarando um ao outro.

Robert não tinha olhos azuis, como o homem do sonho, mas eu sabia que era ele. Ficamos nos olhando por alguns instantes, mas logo me levantei para ir ao banheiro. Ele também se levantou e, muito gentil, ofereceu escovas de dentes e toalhas para mim e para minha amiga, o apartamento tinha três banheiros. Já vestida para voltar para casa, ele me convidou para ir à praia. Eu argumentei que não tinha biquíni.

Robert disse que não tinha problema, poderíamos ir ao shopping ali perto e comprar. Gostei da ideia e solicitei o telefone para avisar à minha mãe e pedir que ela cuidasse dos meus filhos. Disse para mamãe que havia conhecido um gringo e que ele tinha me convidado para ir à praia. Fiquei surpresa com a sua resposta:

- "Pode ir, filha, eu cuido dos meninos. Aproveite, pois este é o homem da sua vida!"

Parece mentira, mas é verdade! Passamos o dia juntos apenas conversando. Eu contei à Robert a minha vida inteira. Ele ouviu tudo, com cara de quem estava se perguntando onde estava se metendo. Durante o pôr-do-sol, trocamos nosso primeiro beijo! Aquele dia, foi o amanhecer mais lindo da minha vida, e o entardecer mais cheio de esperança. Na mesma noite, Robert me convidou para acompanhá-lo em um show de lambada no Casquinha de Siri, um restaurante famoso de Salvador.

Infelizmente, esse lugar não existe mais, mas era um dos cartões-postais da cidade. Dançamos muito! Ele não sabia dançar direito, mas eu nem ligava. Bebi uma "cajurosca" atrás da outra e só queria saber de dançar.

Quando já estávamos molhados de suor, fomos descansar embaixo dos coqueiros em frente ao restaurante. Sentamos sob à luz do luar e das estrelas. Eu deitei minha cabeça em seu colo e, enquanto olhava as estrelas, senti que uma delas falava comigo. Muito tempo depois, eu descobri que existem pessoas que conversam com as estrelas. Eu tinha esse dom, mas não sabia. Então, eu fui repetindo para Robert o que eu ouvia da estrela.

- Tá vendo aquela estrela ali? Ela está me dizendo que você vai me levar para a América com você e que vamos ser muito felizes juntos. Nos casaremos e você será o pai dos meus filhos.

- "Você é muito louca!" – respondeu, sorrindo.

Quando ele sorria, ele ficava ainda mais bonito e isso acontece até hoje, mesmo depois de tanto tempo. Aos cinquenta e nove anos, sempre que Robert sorri, fica mais bonito. Voltamos para o seu apartamento e eu dormi no quarto de hóspedes. No domingo, fomos à praia mais uma vez e, só depois disso, tivemos a nossa primeira noite de amor. Que aventura!

Voltei para a minha casa apenas na segunda-feira pela manhã. E posso dizer que já me sentia completamente curada da "doença" chamada Washington. Curada do coração, da mente, do corpo e da alma. Eu estava repleta de esperança! Nos encontramos novamente na quarta-feira e ele me convidou para passar uns dias na Ilha de Conceição, pois já estava em férias da escola.

Eu aceitei e passamos uns dias em um hotel. Foi maravilhoso! Me senti transformada. Me senti acesa, feliz e com vontade de viver. Robert, meu novo amor, era um homem romântico e educado. Ele enxergou tantas qualidades em mim. Estava o tempo todo me falando coisas bonitas. Dizia que eu era linda, meiga, doce e muito inteligente.

Eu estava explodindo de felicidade! Em uma madrugada, saí do quarto às 4h30 da manhã, pois queria ver o sol nascer. O nosso quarto era em frente do mar e eu caminhei usando apenas uma canga, sem nada por baixo. Joguei a canga na areia e entrei no mar completamente nua. Eu me sentia maravilhosamente livre!

Enquanto mergulhava naquelas águas tranquilas, era como se todo o Universo penetrasse o meu corpo. Eu me sentia feliz demais pela primeira vez em toda a minha vida, uma sensação de empoderamento, que nunca havia sentido antes. Senti que a minha vida começava naquele momento! Foi um renascimento! Sair da água com um novo sentimento de força, de segurança e poder que me fizeram vencer todos os obstáculos que encontrei pela frente.

Passamos cinco dias na Ilha de Conceição e voltamos para Salvador em um domingo à tarde. Chovia muito, mas, mesmo assim, paramos em de São Joaquim, uma feira enorme que tem na capital da Bahia. Vende-se de tudo e a comida típica das barracas é uma delícia! Chegando no apartamento de Robert, coloquei o caranguejo no fogo, enquanto a gente ouvia música e tomava uma cerveja bem gelada.

Eu comecei a tirar minha roupa molhada, peça por peça, fazendo um *strip-tease* para ele, que achou fascinante. Depois que comemos, bebemos e fizemos amor, ele olhou para mim e aquele momento romântico ruiu...

- "O show acabou! Pode voltar para a sua casa. Eu quero ficar sozinho! – disse diretamente, sem fazer rodeio.

O cara era muito sincero. Eu não entendi porra nenhuma e pensei:

- Se o show acabou, eu vou embora mesmo! O que eu tô fazendo aqui?

Peguei minhas coisas e saí. Ele veio atrás de mim até a porta e disse:

- "Liga pra mim na terça-feira, para irmos ao cinema".

Eu parti sem responder, mas, na terça-feira, eu liguei. O filme que assistimos se chamava "Cidade da Esperança" e me emocionou muito. Era um filme lindo, sobre uma família indiana com dois filhos homens e uma filha mulher. O pai trabalhava duro para poder pagar o dote da filha, pois ele queria muito que ela casasse. Essa história me remeteu aos meus quinze anos, quando meu pai me prometeu um anel.

Senti uma saudade inexplicável do meu pai e chorei muito. Eu era muito chorona! Hoje, graças à Deus, tenho mais equilíbrio. Mas, assim como sorrir, chorar também é bom. Depois do cinema, nós jantamos e, antes de eu ir embora, Robert disse que queria me ver novamente. Falei que ele poderia me encontrar na praia, mas que eu estaria trabalhando.

- Eu vendo sanduíches na praia! É com esse dinheiro que eu sustento meus filhos, pois o pai deles está desempregado. E tem mais, meus filhos vão todos comigo!

- "Está tudo bem! Assim eu posso conhecê-los" – respondeu.

A luz do amor de Deus manifesta-se como luz do Sol iluminando o mundo. Assim, pela primeira vez, alcançareis a verdadeira felicidade, pois se tornaram pessoas que são mais amadas e mesmo que esqueça a sede após beber água, jamais se esqueça da alegria do calor da chama do amor que aquece os corações!

22 A VIDA É UMA CAIXINHA DE SURPRESAS

No sábado, eu fui à praia com meus filhos Júnior, Taís e Marcus. Raul ainda morava com a minha cunhada e só saiu de sua casa quando se casou. Todos eles já sabiam do meu "namoro", pois nunca escondi nada dos meus filhos.

Talvez tivesse sido prudente da minha parte, ter evitado falar "certas" coisas para eles, por serem crianças, mas eu nunca tive base psicológica, nem intelectual para isso. Então, eu falava tudo, o que era bom e o que era "ruim". Hoje eu prefiro pensar que foi melhor assim, pois isso os tornaram mais fortes diante da vida.

Quando as crianças conheceram Robert, foi amor à primeira vista de ambas as partes. Graças à Deus, meus filhos me deram muito apoio. Eram crianças maravilhosas! Júnior, o mais velho, tinha doze anos; Raul, onze; Taís, dez e Marcus, nove. Ele ficou simplesmente encantado com os meus pequenos. Disse que nunca tinha visto uma relação tão bonita entre mãe e filhos.

Robert comentou que percebeu que entre nós existia muito amor, pois os meninos iam se banhar no mar e voltavam me abraçando, me beijando com muito carinho. Estava sendo muito especial aquele momento, mas, precisei deixar as crianças com ele para buscar o meu o "ganha pão". Eu era uma vendedora ambulante de sanduíches. No meu retorno, Robert disse que ficou ainda mais apaixonado ao perceber minha disposição e minha garra para vencer na vida, superando tantas dificuldades com tamanha dignidade. Não demorou muito, Robert ofereceu-se para comprar uma barraca de praia para mim.

Coincidentemente havia uma à venda, mas não aceitei. Em minha mente, tinha outros planos: saímos juntos do Brasil para morarmos nos Estados Unidos. Mesmo que ele não soubesse. Esse era o meu plano secreto! E tudo isso aconteceu em apenas um mês.

No Natal, Robert me presenteou com um lindo anel de brilhantes, comprado em uma joalheria renomadíssima. Estava eu em sua casa preparando uma ceia, quando ele chegou com uma caixa enorme e bem pesada. Eu jamais imaginaria que dentro daquela caixa haveria muitas outras caixas e que, depois de abrir todas elas, encontraria um anel.

O peso absurdo era devido a uma imensa pedra, que Robert colocou no "embrulho" apenas para criar suspense. E conseguiu! Certamente carregou aquele "pedregulho" no táxi até à loja para embalar, deixando "todos" pensaram que ele era maluco!

- "Esse é o seu presente, mas não é um pedido de casamento!" – avisou!

Eu sabia que era, com toda a certeza do meu coração! No dia 25 de dezembro, Robert esteve na minha casa para conhecer minha mãe e algumas das minhas irmãs. Ele e minha mãe se amaram também à primeira vista, e ela foi logo enchendo Robert com seus saborosos "quitutes". Enquanto Robert comia sem parar, sendo "comer" por sinal a coisa que ele mais gosta de fazer, mamãe ia lhe contando as minhas travessuras do passado e muitas outras coisas da minha infância. No dia 30 de dezembro, viajamos para o Recife para celebrarmos o "Ano Novo" na praia de Boa Viagem. Foi bom, mas, no último dia, Robert resolveu consultar-se com um cartomante. E o "bruxo" lhe disse:

- "Esta mulher está com você apenas interessada no seu dinheiro!"

Ao sair da "consulta", Robert me contou tudo e espumando de raiva fui tirar-lhe satisfação! Enchi-o de desaforos! O "bruxo" possuído de ira, lançou-me uma maldição! Nessa mesma noite voltamos de ônibus para Salvador. Durante à viagem, tive um sonho com um cão preto atacando-me. Tive o mesmo pesadelo três vezes, a ponto de não querer mais dormir. E, a partir disso, tive pesadelos sempre com o mesmo cachorro, por vinte e um anos. Fiz várias terapias e cheguei a ter insônia, pois tinha medo de adormecer e sonhar com o maldito cão preto! Graças à Deus, eu curei-me disso!

Continuamos nosso namoro, e estávamos felizes juntos, sempre um respeitando o espaço do outro. Até que, no Carnaval, fomos com um grupo de amigos até o Campo Grande, e ali tivemos a nossa primeira briga séria. O trio elétrico estava passando e eu queria "enlouquecidamente" dançar, mas Robert queria só olhar. Era o primeiro Carnaval dele em Salvador.

Eu insistia para que ele viesse "pular" ou "brincar", como falamos na Bahia, mas ele respondia firme que queria apenas assistir. Então, saiu do meio do bloco um "deus-grego", que me agarrou pela cintura e levou-me para dançar no meio do povo. Era um negão musculoso, bonitão, com cabelo rastafári. Não tem nada de mal elogiar. Era gostosão mesmo! Fiquei tão entretida com o "dançarino" que até esqueci da hora. Quando subitamente Robert puxou-me pelo braço:

- "Você está comigo ou está com ele?" – indagou tão nervoso, que mal conseguia falar.

Ele me xingava em inglês, e eu não conseguia entender nada. Foi melhor assim, pois, poderia tê-lo agredido. Saímos pelo meio da multidão com Robert arrastando-me pelo braço, enquanto eu gritava:

- Vamos voltar para o Carnaval Eu peço desculpas Robert! - Entretanto, quanto mais eu me desculpava, mais ele me xingava!

- *"Fuck you, bitch!"*

Quando chegamos no seu apartamento, Robert mandou que eu pegasse minhas coisas e saísse imediatamente.

- Você está louco? A uma hora dessas não tem nem transporte! – respondi.

- "Não quero mais você aqui! Vá embora da minha casa!"

Então, peguei minhas coisas e saí, antes que a situação piorasse. Fui embora à pé, com minha sacolinha, até o ponto de ônibus e fiquei lá esperando o dia amanhecer para entrar no primeiro transporte. Passei aquela noite com a minha mãe, mas, já no dia seguinte, ele foi até à minha casa e me pediu desculpas. Admitiu que tinha ficado com muita raiva. Eu também pedi desculpas, pois sei que também tinha agido errado, e logo fizemos as pazes.

Em março, Robert me pediu em casamento e disse que, em breve, voltaria para Nova Iorque. Comunicou que, se eu quisesse acompanhá-lo, deveria estar divorciada para que pudéssemos oficializar à nossa união. Arrumei um advogado rapidamente, sem sequer avisar à Washington.

Na primeira audiência, ele não aceitou, alegando ainda me amar. Falou que o "gringo" na verdade só queria me usar em redes de prostituição no exterior. Usou uma série de argumentos para não realizar à nossa separação e assim, eu não conseguir me casar com Robert. O que ele não contava é que estava preparada, com a autoestima no lugar. Não tinha mais acordo, já estava decidida. Eu queria mesmo o divórcio.

Eu precisava que Washington assumisse o papel de pai, enquanto eu recomeçava a minha vida com Robert, nos Estados Unidos, e sei que também era por isso que ele não queria o divórcio. Porém, consegui uma "carta de avaliação emocional" com a minha psicóloga, que motivou o juiz acatar o divórcio e passar a guarda das crianças para ele.

Fiquei feliz e não tenho nenhum remorso com a nossa separação. Foi como pegar uma roupa suja e velha para jogar fora. Eu não senti e não sinto até hoje absolutamente nada para me arrepender. Para falar a verdade, me senti livre!

Minha mãe antes de meu pai morrer, vendeu a casa onde eles moravam, pois acreditava que havia espíritos trevosos no imóvel, ficando um tempo morando de aluguel.

Na época da minha separação com Washington, ela já vivia em um estúdio construído na parte de cima da casa da minha irmã. Então, passava alguns dias da semana na casa de minha mãe e alguns dias no apartamento de Robert. Em abril, nós começamos os preparativos para à viagem.

Passaporte, tradução dos documentos, pedido de visto e tudo o mais. Eu sabia que a hora de me separar dos meus filhos estava chegando, quanto mais perto chegava, mais eu sofria e mais eu chorava. Minha mãezinha, coitadinha, me dava muita força. Eu dizia que não sabia se teria coragem de ir e deixar as crianças, mas ela encorajava-me:

- "Filha, uma oportunidade como essa, você nunca vai ter. Oportunidade é como careca: passa junto com o vento e, se você não agarra nos únicos fios de cabelo que encontra, vai embora!".

Minha mãe contou-me que, antes de conhecer meu pai, também conheceu um inglês que queria levá-la para Londres, mas ela não foi, pois não teve coragem de deixar os filhos. Então, meus irmãos viveram todo aquele   sofrimento com meu pai.

- Deus sabe o que faz, mãe! - consolei-a.

- Talvez eles tivessem sofrido mais sem à Senhora. Eu não posso imaginar viver sem à Senhora! - completei, agradecendo por tudo que ela fez.

Quando maio chegou, Washington não cumpriu com o acordo feito diante do juiz de ficar com as crianças. Ele nem mesmo dava o dinheiro da pensão. Não importava o quanto eu ligasse. Ele mandava eu pedir dinheiro ao meu "gringo". Robert também não me dava dinheiro:

- "Vou casar com você, não com a sua família!" – dizia, diretamente.

- "Não me peça nada!"

Não me casei enganada, pois Robert sempre foi muito direto e sincero. Então, preparei uma armadilha para Washington.

23 O SONHO ERA REAL

Minha viagem estava marcada para julho e sabia que não tinha tempo a perder. Expliquei para os meus filhos que não estava recebendo o dinheiro da pensão alimentícia deles e que eu precisaria viajar e que teria que deixá-los com o pai, mas que eles estariam sempre indo na casa de minha mãe. E criei uma armadilha para Washington. Liguei para ele dizendo que queria conversar, que estava com saudade e ele logo ficou interessado. Era mentira, lógico!

Resolvi fazer isso porque não podia deixar as crianças só com minha mãe. Mamãe estava com a saúde debilitada, tinha problemas de pressão e coração, e vivia apenas da sua pouca aposentadoria. Tudo era incerto na minha vida dali para frente, então, eu não podia deixar os meninos só com ela. Marquei de encontrar Washington em uma praça do Comércio e combinei tudo com os meninos. Preparei as malinhas deles e fui para o local combinado. Quando Washington chegou e me viu com as crianças, ficou pálido!

Peço perdão aos meus filhos! Sei que aquele foi um dia de muito sofrimento para todos nós, mas especialmente para eles. Meus filhos sofreram demais com nossa separação. Até hoje, quando lembro daquela cena, meu coração sangra. É uma dor que ainda não consegui superar. Ainda me sinto culpada, mas sei que fiz a coisa certa. Quando Washington chegou, eu disse:

- Aqui estão nossos filhos e as malas deles. A partir de hoje, eles vão morar com você, são sua responsabilidade também, já que você não cumpriu o trato feito com o juiz".

Beijei meus filhos e parti sem olhar para trás. A dor era muito grande e eu não queria que eles me vissem chorando. Peguei um táxi e voltei para a casa de minha mãe. Queria muito encontrar um conforto, mas, por mais que minha mãe me dissesse coisas lindas, eu não conseguia parar de chorar. Eu sei que eu estava certa! Eu tinha que continuar com meus planos de sair do Brasil.

Até junho, os meninos ficavam um pouco comigo, um pouco com o pai. Robert viajou duas semanas antes de mim e eu embarquei no dia 17 de junho. Essa parte não era tão difícil. Eu iria só por um mês, para conhecer à família dele e depois voltaria ao Brasil. Ele havia feito um "acordo" com sua amiga americana que era Cônsul dos Estados Unidos, em Salvador.

Ela conseguiu o meu visto, mas na condição de que eu voltasse. E assim fizemos. Ela até pediu que Robert lhe enviasse uma encomenda dos Estados Unidos, através de mim, para provar que eu havia regressado.

Peguei um voo direto para Miami, onde Robert me aguardava com um carro alugado para me levar até à Disneylândia. Ele queria realizar o sonho que eu tinha desde criança, quando assistia ao "Boa Noite, Cinderela", no programa de Silvio Santos. Era realmente um sonho: sair da favela e chegar à Disney! Caramba! Qualquer pessoa ficaria deslumbrada! Mickey Mouse realmente existia! Pato Donald, Cinderela, todos os personagens que eu via na televisão, existiam "de verdade". Naquele tempo, assistia televisão na casa da vizinha, pois não tínhamos TV em casa, como eram muitas crianças, o sofá ficava pequeno e sentávamos no chão, o meu lugar era embaixo da mesa, imagina?

Foi impressionante conhecer o Epcot Center, a Ilha dos Países, o hotel fantástico onde ficamos, a montanha-russa do espaço, a Hollywood City. Tudo era realmente fantástico! Um mundo encantado! No entanto, eu não conseguia ficar verdadeiramente feliz. Meu sonho foi realizado, mas sem à presença dos meus filhos eu não tinha alegria. Tudo tinha a carinha deles. Eles que mereciam estar ali! Ficamos cinco dias em Orlando e, por mais que eu quisesse, não conseguia dissipar minha tristeza. E olha que eu tentei.

Chegamos à Nova Iorque e eu me apaixonei. Foi amor à primeira vista! Logo que saímos do aeroporto e fomos nos aproximando de Manhattan, quando eu vi aquela arquitetura incrível, fiquei muito admirada! Vim olhando encantada pela janela do táxi. Eu nunca havia visto edifícios tão altos e nem tantas pessoas nas ruas. À noite, os prédios todos iluminados e a famosa Times Square, que eu nunca havia ouvido falar. Ou se ouvi, não sabia o que era.

Chegando ao edifício luxuoso, onde minha sogra mora até hoje, em uma avenida famosa entre a Broadway e a Amsterdam, verdadeiramente me impressionei! Me deslumbrei com a elegância daquele prédio e da residência da minha sogra. Naqueles dias, vendo as carruagens do Central Park, eu passei a me sentir uma princesa. Na segunda semana em Nova Iorque, fomos passar um fim de semana na casa de campo dos meus sogros. Isso era sagrado para eles, era algo que faziam todos os verões. Quando chegamos, vi a primeira casa vermelha e um pé de maçã. Quando desci do carro, tive um *dejavu*. Avistei à casa cinza, a mesmo do meu sonho, rodeada de árvores e pinheiros. Quase entro em transe, olhando para aquela casa cinza.

Meus sogros tinham um terreno gigante, com duas casas. A vermelha, era uma casa de dois pisos, seis quartos e duas varandas enormes. E a casa cinza, que tinha apenas um andar e três quartos. Esta casa, eles costumavam alugar. Em frente a ela, havia uma lagoa rodeada de árvores. Um espetáculo da natureza! Fiquei fascinada com aquele lugar lindo!

Eu havia visto aquela casa cinza, rodeada de árvores em meu sonho, dois anos antes, que inclusive tinha homem com um rosto "parecido" com o do meu marido, Robert. Era impressionante! Quem não consegue acreditar nessas coisas espirituais, não consegue entender, mas isso aconteceu! Passamos um final de semana maravilhoso! Passeamos pela lagoa em uma canoa. Foi muito romântico! Porém, mesmo com tudo isso, eu me sentia desolada, pois tinha saudades dos meus filhos.

Voltamos à Nova Iorque e eu conheci melhor a cidade. Robert me levou a todos os pontos turísticos, inclusive, aos museus. Eu nunca havia visto obras de arte e ele me ensinou muitas coisas. Fiquei fascinada ao ver Van Gogh pela primeira vez! Eu nunca tinha ouvido falar, e fiquei encantada com todas as suas obras.

Tudo aquilo foi, para mim, realmente engrandecedor. Nova Iorque me fascinou por sua cultura, por sua sensação de liberdade, pela segurança pública, pela sua facilidade de locomoção, seus Pubs à noite. Meu Central Parque querido! Tudo em fim! Tenho muita Gratidão por esta cidade que acolheu a mim e aos meus filhos, nos dando tantas oportunidades! É a minha cidade favorita no mundo.

Depois de um mês, voltei ao Brasil e trouxe algumas lembrancinhas para os meus filhos. Quando cheguei à Salvador, meu ex-marido Washington foi me buscar no aeroporto junto com as crianças. Ele veio logo me dizendo que eu havia sido burra em ter voltado, mas eu nem lhe dei ouvidos. Naquele momento, eu só queria beijar e abraçar meus filhos. Fiquei mais um mês em Salvador e, finalmente, chegou o dia da grande separação. Eu nunca pensei que eu fosse ter tanta coragem.

Na véspera da viagem, chorei a noite toda. Dormi abraçada com meus filhos no chão, todos nós, abraçadinhos, no mesmo colchão. Depois que eles adormeceram, eu olhava para a carinha deles e meu coração doía. Eu chorava silenciosamente, pedindo que Deus me desse forças. Ouvi minha mãe chorando baixinho também, até que ela veio até a sala e disse:

- "Dorinha, eu sei que você está acordada. Venha aqui, se sentar com a sua mãe".

Eu sentei ao lado dela e nós duas choramos abraçadas, enquanto ela me dizia coisas lindas.

- "Filha, eu sei que você está sofrendo muito, mas você vai conseguir! Esse é o caminho para tirar seus filhos daqui".

Eu não sabia se chorava por mim, pelos meus filhos ou por minha mãe. Sei que ela estava sofrendo muito também. Talvez mais do que eu, pois ela chorava pela filha e pelos netos. Fui para o aeroporto, acompanhada por uma verdadeira multidão: meus quatro filhos, meu ex-marido, doze sobrinhos, minha irmã Meire, minha amiga Dona Isaurinha, menos por minha mãe.

Ela não teve coragem de ir para a nossa despedida e eu entendi. Estava acompanhada de todas as pessoas que me queriam bem de verdade, me dando apoio. E funcionou, tanto que eu não derramei uma lágrima sequer na hora de embarcar.

Abracei meus filhos, disse o quanto os amava e falei que logo estaria de volta para buscá-los. Já o embarque foi muito doloroso! Chorei a viagem toda! Eu sentia uma tristeza profunda e uma solitude inexplicável!

24 A VIAGEM

Essa promessa demorou mais do que eu imaginava para se cumprir: três anos para Taís e Marcus, doze para Júnior e trinta anos para Raul. Cheguei em Nova Iorque no dia 15 de agosto de 1993. Dessa vez, para ficar! Robert já havia alugado nosso apartamento, em um bairro muito bom, que ficava na 97 Street, West Side, a uma quadra do Central Park.

Quando entrei naquele apartamento, sem minha mãe e sem meus filhos, tive a certeza de que estava começando uma nova vida. Nos abraçamos e logo comecei a chorar, pois eu não tinha ideia do que seria a minha vida dali para frente. A saudade bateu no meu peito violentamente! Sentia uma dor tão intensa que eu me embolava pelo chão, como um animal ferido. Robert tentava me acalmar, mas eu recusava suas palavras de conforto.

Naquele momento, a única coisa que eu queria era um milagre! Queria poder estar no colo de minha mãe e nada mais. Chorei até sentir o ar fugir dos meus pulmões e pedi que Deus me desse forças para suportar tamanha angústia, que eu não sabia quanto tempo iria durar.

Robert perguntou se eu estava arrependida. Disse que minha passagem tinha validade de três meses e que eu poderia voltar. Garanti que não! Tinha objetivos para concretizar. O primeiro deles era trabalhar para comprar a casa que eu havia prometido à minha mãe. O segundo era conquistar uma vida melhor para os meus filhos.

- "Dora, fui bem claro com você. Eu não vou trazer seus filhos. Eu não quero e não posso criar os seus filhos!" – Robert disse, diretamente, como já havia feito várias outras vezes.

Qualquer pessoa teria desistido ao ouvir isso, mas eu não! Dentro do meu coração, eu sabia, desde a noite em que falei com a estrela, que iria trazer comigo todos os meus filhos. Eu só não sabia que demoraria tanto.

- "Eu disse que iria casar com você, não com sua família!" – reforçou.

- Eu sei, Robert, e não estou te pedindo nada. Mas sei o que eu quero e vou lutar para conseguir. - respondi.

No dia seguinte, Robert queria me matricular em uma escola de inglês. Disse que não queria, pois tinha que procurar trabalho e mandar dinheiro para os meus filhos. Começou, então, o nosso desentendimento.

- "Dora, você não vai conseguir trabalho em lugar nenhum sem falar inglês, a não ser no bairro brasileiro". - argumentou.

- Então, você me leva no bairro brasileiro. Eu vou lá procurar e sei que vou conseguir. Sou boa cozinheira!

Ele ficou insistindo, dizendo que eu teria que estudar pelo menos uns seis meses, entrar em um programa intensivo, com aulas o dia todo, para aprender mais rápido. Disse que estava disposta a estudar, se ele me desses quinhentos dólares por mês, para eu enviar para meus filhos no Brasil.

Então, começamos uma discussão muito séria. Fiquei duas semanas procurando trabalho, ao mesmo tempo em que tinha algumas aulas com minha sogra.

Ter aulas com Robert era impossível! Cada vez que ele começava a me ensinar, nós brigávamos. Meus sogros me receberam muito bem, mas eu sabia que tinham as suas "ressalvas" em relação à mim e eu entendo bem as razões deles.

Eles deram uma educação excelente para o filho, que estudou e viajou pelo o mundo inteiro. Fazia cruzeiros com a família desde pequeno. Morou na Itália, na França e na Alemanha. Tudo isso proporcionado pelos pais.

A primeira esposa de Robert, era uma francesa que mudou para Nova Iorque com ele, mas se divorciaram depois de três anos e ele foi viver no Brasil.

Imagino que era bem difícil para minha sogra ver o filho dela com uma mulher sem nenhuma educação, com quatro filhos e, ainda por cima, pobre. Além disso, eu era uma mãe que estava "abandonando" os filhos.

O que mais ela poderia pensar de mim? Claro que eu estava parecendo uma oportunista, querendo apenas me "dar bem", sem ter nenhuma responsabilidade!

Me casei no dia 1º de setembro, três semanas depois de chegar à Nova Iorque.

Porém, dois dias antes do casamento, tivemos uma briga muito séria. Robert disse que iria desmanchar a aliança do seu primeiro casamento, que era muito grossa, para fazer duas alianças para a gente. Eu gritei que não queria! Queria uma aliança de brilhante! Olha que maluquice? Era coisa de sonho, mesmo.

Até hoje, quando lembro disso, fico constrangida. Na época, cismei que queria uma aliança de diamante.

Eu estava na cozinha, fritando um ovo e Robert veio furioso, discutindo com o dedo na minha cara. Eu prendi o dedo dele com os dentes e mordi com toda a força que tinha. Que raiva! Só larguei quando senti o gosto do sangue na minha boca. Muito bravo, ele ameaçou me bater. Eu me defendi como sabia, atacando!

- Venha, que eu vou te queimar! - eu dizia, segurando a panela com os ovos.

Ele foi para a sala e ficou me xingando em inglês e começou a pegar minhas coisas, dizendo que iria me mandar de volta para o Brasil, pois minha passagem ainda estava válida.

- Gringo filho da puta! Você pensa que vai fazer o que quer de mim? Eu posso não falar inglês, mas com uma mão na frente e outra atrás, eu não volto! - respondi.

Peguei meu passaporte e minha bolsa e saí. Ele veio correndo atrás de mim pelo corredor, me perguntando onde eu estava indo.

- Vou procurar um lugar para morar e um trabalho! - respondi, enquanto ia embora.

Essa briga aconteceu às 9h e eu andei o dia inteiro à procura de trabalho. Fui em todas as lojas e em todos os restaurantes do bairro brasileiro, mas os brasileiros em Nova Iorque não são solidários. Pode até ser que sejam, mas naquela época, em que eu tanto precisei, não encontrei ninguém disposto a me ajudar. Andei mais de vinte quilômetros, até meus pés ficarem inchados. Quando cheguei na Wall Street, sentei em uma praça, muito cansada, e comecei a chorar e a clamar à Deus que me desse uma direção.

Então, uma senhora dominicana sentou ao meu lado. Começamos a conversar, já que ela falava espanhol e eu podia entender "quase" tudo o que dizia. Eu lhe contei sobre o meu noivo e da briga que tivemos. Ela começou a me aconselhar.

- "Fique calma, quando você chegar em casa, ele vai estar mais calmo. Converse com ele, mas não discuta, pois você está em desvantagem. Abrace ele e peça perdão, se for preciso".

Depois daquela conversa, eu me animei um pouco e continuei procurando. Quando estava na Amsterdam Avenue com a 75 Street, já voltando para casa, parei em um salão de beleza chiquérrimo e, mesmo sem saber falar inglês, disse que estava procurando emprego.

Deus sempre abre as portas! A moça da recepção não entendeu o que eu dizia e chamou a gerente que, olha só que sorte, era portuguesa.

Ela, então, me ofereceu um trabalho de limpeza do salão e de lavar os cabelos das clientes, quando as cabeleireiras estivessem ocupadas. Disse que me pagaria cento e setenta e cinco dólares por semana. Aquilo para mim parecia um super salário. Fiquei muito feliz!

Ela perguntou se eu tinha "os papéis". Ou seja, se tinha autorização de trabalho e residência nos EUA. Respondi que ainda não, mas que me casaria em alguns dias e ela aceitou esperar. Saí de lá e ainda fiquei pela rua, passeando por algumas horas. Estava com receio de voltar para casa. Não sabia se Robert já estava mais calmo ou estava realmente disposto a me mandar embora.

25 MEU SEGUNDO CASAMENTO

Marcava 22h no relógio, e o sol ainda não tinha se posto completamente, naquele dia horrível. Ainda estava um pouco claro quando decidi retornar para casa. Ao abrir a porta, Robert veio correndo em minha direção e me abraçou.

- *"I'm sorry. I'm sorry!"* – ele se desculpava.

- "Eu te procurei o dia todo, andei por várias ruas, fui até a casa da minha mãe. Não sabia onde você estava. Por que você fez isso comigo?" - chorava.

Naquele momento, minha cabeça foi para a quinta dimensão e eu me senti poderosa. Agora eu sei onde estou pisando. Pensei! Esse gringo não vai me mandar embora e fazer o que quer de mim.

- Eu não quero suas desculpas! Eu já encontrei um lugar para morar! - respondi, orgulhosa.

- "Você é maluca? Não conhece ninguém aqui! Como pode ter encontrado algo tão rápido?" – perguntou.

Eu inventei uma história, de que havia conhecido uma mulher na rua, que me apresentou para uma brasileira e ele foi acreditando. Então, me disse que eu não podia ir embora.

- "Nós vamos nos casar em quatro dias. Os papéis já estão prontos!" - argumentava.

Eu não baixei a guarda! Na manhã seguinte, bem cedo, me arrumei, comprei comida chinesa e fui para o Central Park. Passei o dia todo lá! Passeando e deitando no gramado, para descansar. Enquanto isso, ele continuava me procurando. No domingo à noite, voltei pra casa, mais calma e bem decidida quanto ao nosso relacionamento.

- Agora, você só faz amor comigo depois de nos casarmos. – avisei.

E assim foi. Nos casamos na quarta-feira, dia 1º de setembro de 1993. Eu sabia que meu príncipe, apesar de seus defeitos, era um bom homem.

Era educado e amoroso. Seus únicos problemas eram as mudanças súbitas de humor e o fato de ser controlador. Ele queria me controlar, mas eu era um "bicho selvagem", muito difícil de "domesticar".

Sou uma pessoa de temperamento forte e nunca me deixei dominar. Depois do casamento, nós fomos até a casa dos seus pais para abrirmos um espumante em comemoração. Éramos apenas nós e os pais dele. À noite, sua mãe nos levou para jantar em um restaurante francês.

No dia seguinte, já comecei a trabalhar no salão. Faziam apenas três semanas que eu estava morando em Nova Iorque e tudo isso já estava acontecendo. Logo recebi meu primeiro salário e estava muito feliz, pois já tinha dinheiro para mandar para os meus filhos. Nossas brigas não demoraram muito para começar. Nós tínhamos muitas diferenças culturais.

Robert pagava seiscentos dólares de aluguel do nosso apartamento de um quarto, sala, banheiro e cozinha, e na ocasião me disse que eu teria que ajudá-lo nas despesas. Eu fiquei histérica!

- Você tá pensando que eu sou puta pobre? No meu país, o marido é quem sustenta a mulher! Eu não saí do meu país pra vir sustentar gigolô! – gritei.

- "No Brasil, o marido sustenta, mas também trai, né? Que eu saiba, não existe homem fiel no Brasil. Aqui é a América, Dora! Aqui, o casal divide as contas!" - falou, com sarcasmo.

- Eu não concordo, Rob! Meu dinheiro é para mandar para o Brasil. Eu tenho quatro filhos para sustentar e tudo o que eu ganhar vai ser para eles e o que eu conseguir economizar vai ser para comprar uma casa para minha mãe. – me indignei.

Discutimos feio e ele ficou sem falar comigo por três dias. Outro problema, além da saudade, era que eu me sentia ainda mais sozinha do que antes. Eu orava! E continuava meditando e fazendo minhas afirmações. Repetia para mim mesma, todos os dias: Eu posso! Eu consigo!

Na terceira semana no salão, eu costumava levar o meu almoço de casa todos os dias, pois queria economizar cada centavo. Cerca de oito cabeleireiras trabalhavam na nossa equipe e sempre duas desciam para almoçar no mesmo horário que eu.

Educadamente, sempre oferecia um pouco da minha refeição. Uma colega dominicana, provava e me teceu vários elogios.

- *"Brasileña, usted cocinas muy bien. Deberías trabajar como housekeeper, que deben pagar muy bien".* - (brasileira, você cozinha muito bem. Deveria trabalhar como *housekeeper*, que vai ganhar muito bem).

Então, perguntei o que era *housekeeper* e ela me explicou que era uma empregada doméstica, paga para limpar e cozinhar em uma casa.

- E pagam quinhentos dólares por semana para ser doméstica? – perguntei.

Ela disse que algumas famílias poderiam pagar até mais. Perguntei o que era preciso fazer para conseguir um trabalho assim. Ela disse que bastava eu escrever um anúncio nas portarias dos edifícios das avenidas mais chiques da cidade. Na Madison, na Quinta Avenida, na Broadway e etc. Naquele dia, voltei para casa toda empolgada e comuniquei ao meu marido que iria sair do salão, pois queria um emprego de *housekeeper*, que pagasse quinhentos dólares por semana.

Rob teve uma atitude muito negativa. Disse que eu não iria conseguir arrumar nenhum emprego que me pagasse quinhentos dólares, sem que falasse inglês.

- "Pare de dar ouvidos para essas dominicanas malucas! Elas não sabem nada sobre Nova Iorque!" - disse.

Eu fiquei muito chateada! Mas sabia a força que tinha e eu estava disposta a sair do salão para encontrar um emprego que pagasse mais. Trabalhando no salão, eu não teria tempo para deixar os anúncios, então, era preciso arriscar. Rob ainda não sabia, mas, quando eu coloco algo na cabeça, não sossego até conseguir.

Eu pedi para ele fazer o anúncio, mas ele se recusou. Então, pedi demissão do salão e nós brigamos muito por isso. A única saída era ele fazer mesmo o anúncio. Fiz logo duzentas cópias e parti para a luta. Deixei em vários edifícios. Alguns porteiros pegavam o papel e fixaram na lavanderia, outros deixavam que eu mesma entrasse e colocasse em algum lugar, e alguns se recusaram a me receber. Recebi vários telefonemas, mas não falar inglês realmente era uma barreira.

Perdi várias oportunidades! Consegui um emprego como babá, mas só fiquei um dia, pois a casa tinha um cachorro e eu tinha muito medo. Então, a mulher me mandou embora.

Depois, consegui outro trabalho para cozinhar na casa de uma jornalista. Foi desastroso! Ela pediu que eu fizesse um salmão grelhado na madeira e me deu uma tábua. Então, avisei que iria pegar fogo. Ela, falava espanhol, me disse que a madeira era apropriada para ir ao fogo. Então, eu temperei o salmão, coloquei na tábua e levei ao forno. A tábua pegou fogo e causou o maior fumaceiro!

Até os bombeiros vieram, já que a fumaça disparou o alarme de incêndio. Ela me mandou embora aos gritos! Eu fiquei assustada e triste, ao mesmo tempo, mas só depois de muitos anos, quando estudei culinária em uma escola de gastronomia, descobri que a tábua deveria ficar mergulhada na água durante dois dias, antes de ser levada ao forno.

Depois desse episódio, continuei deixando meus anúncios e recebendo chamados. Não tinha resultados, mas acreditava que eu iria conseguir um emprego.

Continuava com minhas afirmações muitas vezes ao dia.

Na infinidade da vida onde estou, tudo é perfeito, pleno e completo. Sou uno com o poder que me criou. Estou totalmente aberta e receptiva ao fluxo abundante de prosperidade que o Universo oferece. Todos os meus desejos e necessidades são atendidos, antes mesmo de eu pedir. Sou divinamente guiada e protegida e faço escolhas benéficas para mim. Rejubilo-me com o sucesso dos outros, sabendo que há muito para todos nós.

Estou constantemente aumentando a minha percepção consciente da abundância e isso se reflete em uma renda sempre crescente. O que é bom para mim, vem de tudo e de todos. Tudo está bem no meu mundo e eu estou ganhando quinhentos dólares por semana. Eu tenho um bom emprego! Um emprego maravilhoso, com pessoas que eu amo e que me amam e que me pagam quinhentos dólares por semana!

Sem brincadeira! Eu repetia essa afirmação cem vezes por dia, depois que Robert saía para o trabalho e outras cem vezes à noite. Usava grãos de feijão para não me perder. Depois de fazer as afirmações, eu ficava alguns minutos em silêncio e fazia uma meditação que aprendi no *Seicho No Ie*.

"Neste momento, eu deixo o mundo dos cinco sentidos e entro no mundo absoluto de Deus. Aqui, onde estou, é o mundo luminoso de Deus. É o oceano de infinita sabedoria de Deus. É o oceano de infinito amor de Deus. É o oceano de infinita vida de Deus. É o oceano de infinita prosperidade de Deus".

Depois de repetir isso mentalmente, eu ficava em silêncio, apenas acompanhando a minha respiração e imaginando uma luz entrando em minha cabeça e percorrendo todo o meu corpo. Depois de três semanas fazendo esse ritual, no dia 19 de outubro, dia do meu aniversário, eu estava meditando e tive uma visão. Minha mãe aparecia chorando, por não ter uma casa e eu a consolava. "Não chore, mãe, eu vou lhe dar a sua casa".

Então, eu olhava para o céu para pedir ajuda de Deus, e as nuvens se abriram. Lá em cima, eu via um homem vestido com uma armadura e um capacete prateados, montado em um cavalo branco. Ele não falava comigo, apenas levantava a mão e eu entendi que ele me dizia para esperar. No mesmo instante, fui despertada da minha meditação pelo toque do telefone.

- *"Can I speak with Dora, please?"* (É possível falar com a Dora, por favor?) - perguntou a mulher do outro lado da linha.

- *Yes. This is Dora. Who is this?* (Sim, é ela, do que se trata?) - respondi, com o inglês que já tinha decorado à essa altura.

- *"This is Claudia. Are you still looking for a job"*? - perguntou se ainda buscava emprego.

- *Yes, I'm!* – Sim! respondi.

- *"Where are you from?"* (de onde você é?) - questionou, ao ouvir o meu sotaque.

- *I'm from Brazil.* (Sou do Brasil) – respondi.

Para minha surpresa, ela começou a falar português.

- *"Eu também sou brasileira!"*

Meu coração acelerou! Tive certeza de que minhas preces tinham sido atendidas. Marcamos a entrevista para este mesmo dia, às 17h. Claudia era governanta de um psiquiatra riquíssimo que morava na Madison Avenue. Era uma das famílias mais ricas de Nova Iorque.

No apartamento dele havia várias obras de arte e um dos quadros era de Picasso, protegido até com alarme. Esse psiquiatra tinha outro apartamento de seis quartos na Quinta Avenida, mas como sofria de Alzheimer, a sua esposa deixou-o vivendo na Madison, onde tinha o escritório e ele ficava aos cuidados de uma enfermeira, da governanta e de uma *housekeeper*. Fiz a entrevista primeiro com Cláudia e, depois, com a esposa e a filha do Doutor.

Entre oito candidatas, eu fui a escolhida! Quase desmaiei quando a mulher me perguntou se eu aceitava o emprego e disse que o salário era de quinhentos dólares por semana. Algumas pessoas dizem que isso foi coincidência, mas eu digo que foi cocriação. Apesar de não saber nada sobre isso, na época, eu já sabia que a palavra tinha poder.

Era inacreditável! Em apenas três semanas de meditação e mentalização. Eu, Dora, criei um emprego com o salário que eu queria e sem falar inglês. Minha sogra até hoje fala sobre isso com muito orgulho. Pelo menos, isso é algo que ela se orgulha em mim. Meu marido ficou impressionado e começou a dizer que eu era uma "bruxa", uma "feiticeira".

Trabalhei com doutor e Cláudia por oito meses. Era um trabalho um pouco chato! Eu trabalhava oito horas por dia e as horas demoravam a passar. Eu fazia tudo! Limpava, cozinhava e fazia as compras, mas, mesmo assim, as horas demoravam a passar. Em quatro horas, eu já havia terminado todo o serviço! O doutor era um senhor muito elegante.

Mesmo sendo mentalmente doente, todos os dias, ele saía do quarto completamente impecável, com a barba feita e vestido de terno e gravata. Ele tinha mais de cinquenta ternos e mais de cem camisas. Graças à Deus que as roupas iam para a lavanderia e eu não precisava passá-las.

Com sua elegância, ele não aparentava ter oitenta anos e passava o dia sentado em seu escritório, olhando para o nada. Às vezes, creio que ele tinha alguns lapsos de memória, pois chamava pela esposa. Como só via Cláudia e a enfermeira, tinha crises de choro, gritava e até se jogava no chão, como uma criança fazendo birra.

Aquelas cenas me deixavam completamente arrasada e comecei a ficar deprimida. Chegava em casa e bebia diariamente seis latas de cerveja. Em três meses morando em Nova Iorque, engordei quatorze quilos. Trabalhava de segunda à sexta-feira, das 9h às 17h. Os fins de semana eram tristes!

Eu caminhava pelo Central Park, deixando o vento secar minhas lágrimas de saudade. Aqui, no Central Park, eu tenho meu lugar favorito, às margens de uma lagoa. Nesse pequeno monte de pedras, eu escrevi o nome dos meus quatro filhos e prometi que um dia eles sentariam ali, para apreciar o lago, as árvores e a beleza daquele cenário incrível!

26 A COMPRA DA CASA DE MINHA MÃE

Central Park meu lugar favorito! Ali escrevi o nome dos meus filhos, eu conversei muitas vezes com a natureza.

Não sei por qual razão, mas sempre acreditei que falar com a natureza sobre os meus desejos fazia com que eles se espalhassem pelo Cosmo e que, em algum momento, o Universo iria me responder favoravelmente.

Sei que herdei isso dos meus ancestrais índios. Mesmo sem tê-los conhecido, sinto que trago seus ensinamentos na minha alma. Hoje eu acredito muito que, como dizia o filósofo Sócrates, todo o conhecimento já está no interior do homem, porém, geralmente está desconhecido ou adormecido.

Continuei trabalhando e, todos os meses, enviava dinheiro para a minha irmã caçula, que era quem ajudava minha mãe com meus filhos.

Eu também mandava roupas e brinquedos. Enviei várias bonecas Barbie para Taís, pois, quando morava no Brasil, não tinha condições de comprar. No entanto, a maior parte do dinheiro eu guardava para comprar a casa da minha mãe, conforme havia prometido. Depois de sete meses de casada, recebi meu Green Card e, no dia 1º de maio, viajei para rever meus filhos, no Brasil.

Cheguei no dia 2 de maio, minha pátria tão amada, e com muita alegria reencontrei minha mãe e meus filhos.

Cheguei parecendo um Papai Noel, cheia de presentes e lembrancinhas para à família. Aproveitei que a fiscalização nos aeroportos não era tão intensa, naquela época, e trouxe muitos perfumes importados para revender.

No terceiro dia em que estava no Brasil, comecei a procurar casas, como louca, e já no quinto dia encontrei uma perfeita para a minha mãe. A casa ficava no final de uma rua, em uma área urbanizada do bairro de Cajazeiras, um lugar muito bom de se morar. É distante do centro, mas tem tudo o que se precisa.

A casa tinha dois quartos, sala, cozinha e banheiro, mas um terreno muito grande, com espaço para ampliar a área construída. Esse era o meu plano, mas, logo que vi o terreno, imaginei que a mamãe iria aproveitar o espaço para plantar muitas coisas. E foi o que ela fez.

Resolvi todos os trâmites e burocracias para a compra do imóvel, sem dizer nada a ninguém. Reencontrei Alice, uma amiga dos tempos do ginásio, que era advogada, e ela me ajudou com os papéis. Depois de estar com toda a documentação certa e com o negócio fechado, mandei fazer alguns reparos, uma pintura e comprei alguns móveis.

Arrumei tudo e, no dia 15 de maio, fiz uma surpresa! Quando chegamos na casa, eu entreguei as chaves a ela.

- Aqui está seu presente de dia das mães! Minha promessa está cumprida! - disse.

Ela ficou muito feliz, e mais feliz ainda em ver o terreno! Mamãe plantou de tudo ali. Abacateiro, bananeira, jaqueira, coqueiro... fez uma horta enorme. O terreno dá de tudo, até hoje! Mesmo depois da sua partida para o mundo espiritual, as árvores que ela plantou continuam dando frutos.

Prometi a mamãe que iria amparar minha irmã caçula, depois que ela se fosse. Então, dei a casa de presente a Meire, em agradecimento por ela ter ajudado a cuidar dos meus filhos.

Minha irmã ainda mora na casa e se alimenta do que foi plantado por nossa mãe. Esse capítulo sobre minha saída do Brasil e ida para Nova Iorque tem sofrimento, mas também muita felicidade. Tem a realização de um sonho da minha mãe, com a compra da sua casa, e me faz lembrar do poema "Eu Posso", de Lauro Trevisan.

Eu posso! Eu posso! Eu posso! Porque este mundo é todo nosso!" (TREVISAN, 2012. Livro: Pode Quem Pensa que Pode. Editora: Saraiva).

27 A GRANDE MUDANÇA

Logo após ter comprado a casa para a minha mãe, voltei para Nova Iorque. Robert trabalhava em uma escola internacional e nos mudamos no final de agosto de 1994, para Ankara, na Turquia.

Depois de sair do Brasil, morei em oito países diferentes. Além dos Estados Unidos, onde vivo hoje, morei também na Turquia, Colômbia, Inglaterra, Porto Rico, Emirados Árabes, China e Chile. A mudança para a Turquia, no entanto, foi a mais intensa. Foi como viajar no tempo.

Saímos de Nova Iorque, o centro da democracia e da liberdade, especialmente para mim, como mulher, e fomos para um país com a cultura muito restrita. Em Nova Iorque, as pessoas andam pelas ruas vestindo o que quiserem e ninguém parece notar.

Já na Turquia, um país que se diz democrático, mas com predominância muçulmana, a maioria das mulheres anda coberta dos pés à cabeça e não tem muitos direitos.

Foi um choque cultural muito grande. Eu, brasileira e, mais do que isso, baiana, choro com força e dou risada com prazer. Sentia que as mulheres estrangeiras eram vistas como putas.

Hoje acredito que algumas coisas podem ter mudado, mas há vinte e seis anos atrás, meu jeito espontâneo de falar e gesticular, não eram muito bem vistos.

Apesar disso, a Turquia é um lugar incrível, de beleza indescritível! Além de ser um país muito rico, com uma herança histórica e religiosa impressionante, tem uma arquitetura milenar maravilhosa! Eu não soube aproveitar muito bem, por causa da saudade, mas gostei muito de morar lá. Robert dava aulas em uma escola regular que fazia parte da Universidade Bilkent.

Nos primeiros meses, fomos morar no campus, que ficava afastado da cidade e tinha ônibus apenas a cada hora. Como eu não falava inglês, nem turco, eu quase não saía de casa. A escola de Robert nos deu uma assistência na chegada e eu aprendi algumas palavras básicas do idioma local como: *marhabaan* que é "olá", *salamaleico* que significa "que a paz esteja sobre vós", *teşekkürler* que é "obrigada", ne *kadar* que significa "quanto" e algumas outras. Logo me registrei na Embaixada Brasileira e comecei a fazer amigos brasileiros.

Em pouco tempo, já era conhecida pela comida baiana, que sei preparar muito bem, e o Embaixador me convidou para fazer uma "Festa Junina" na Embaixada. Como não haviam muitos ingredientes "típicos" para o festejo, eu preparei uma boa feijoada para os convidados.

Depois disso, participei de muitos eventos, em várias Embaixadas. De um lado, a vida social estava indo bem, mas a comunicação com meus filhos ficou comprometida. Eu só conseguia falar com eles por telefone uma vez por mês e as cartas demoravam muito para chegar. Sentia muita saudade! Nos dois primeiros anos morando na Turquia, fui ao Brasil uma vez a cada ano, porém, no terceiro ano, Robert me avisou que faríamos uma viagem de três semanas pela Europa, entre Suíça, França, Itália e Espanha.

Eu fiquei muito chateada, pois queria ir novamente para o Brasil, ver meus filhos. Na viagem, logo, em um restaurante muito romântico em Genebra, na Suíça, Robert disse que tinha um presente para comemorarmos nosso terceiro ano de casamento.

- "Você quer que eu entregue agora, ou depois do jantar?" – ele perguntou.

Preferi depois, pois seria a primeira vez que provaria fondue e queria apreciar a comida. Depois do jantar, que estava delicioso, Robert falou, muito apaixonado, que eu fui a melhor coisa que lhe aconteceu na vida, que me amava muito e que, apesar das nossas brigas, ele estava muito feliz casado comigo. Por isso, queria me agradecer com aquele presente. Então, me mostrou a passagem para o Brasil e mandou eu ir buscar meus dois filhos caçulas para morarem conosco na Turquia. Meu coração deu um salto de felicidade, mas também de dor.

- E Júnior? Não posso trazer apenas Taís e Marcos e deixar Júnior no Brasil! – protestei.

Acabamos discutindo!

Robert argumentou que, naquele momento, não poderia levar os três, apenas os dois menores e me explicou que as crianças estavam atrasadas na escola e que Júnior, com quinze anos, já deveria estar no 11º ano e que precisava falar inglês fluente para poder acompanhar as aulas.

Já Marcus e Taís, por ainda estarem no ensino elementar, ele conseguiria matricular, apesar de não falarem inglês. Naquelas férias, viajamos por lugares incríveis na Europa. Porém, nada me preenchia. Eu estava arrasada! Com minha tensão emocional, praticamente estraguei a viagem.

Quando chegamos à Florença, fomos visitar os tios de Robert, que tinham uma casa de férias. Ambos psicólogos. Tia Loreine e tio Eugênio foram os mais calorosos de toda a família de Robert comigo. Eles falavam espanhol e me cobriram de atenção. Tenho um enorme carinho pelos dois. Tia Loreine me aconselhou à buscar Taís e Marcus, para que eles recebessem uma educação de qualidade. Assim, no futuro, poderiam ajudar os irmãos.

Minha ficha caiu e aceitei buscar apenas Taís e Marcus. Porém, eu passava cada minuto dos meus dias pensando no que eu diria para Júnior e Raul. Como eu iria separar Júnior dos dois caçulas? Quando terminamos a viagem pela Europa, voltamos para Nova Iorque, pois eu precisava carimbar meu passaporte para não perder a minha residência "americana", já que eu estava morando na Turquia.

Na ocasião, Robert contou para os pais sobre a decisão de trazer meus dois filhos para viver conosco e eles não aceitaram muito bem. Minha sogra ficou muito contrariada e me disse:

- "Se você pensa que seus filhos serão meus netos, esqueça! Nunca, nunca serão!"

- Eu sei que eles nunca serão seus netos de sangue, mas um dia, eu sei que eles serão seus netos de coração! - respondi.

Pode parecer que eu estou inventando, mas o Universo assinou embaixo das minhas palavras! Seis meses depois, no "Dia de Ação de Graças", meus sogros chegaram na Turquia com duas malas cheias de presentes para Taís e Marcus.

Eles se encantaram com as crianças! Foi um amor tão grande, que parecia que se conheciam há décadas. Minha sogra ficou um mês conosco, e todos os dias ela lecionava inglês para eles com muito carinho. Eles adoram meus filhos e meus filhos os adoram também. Stuart, o pai de Robert, foi o único avô que meus filhos lembram de ter conhecido.

Eu sou muito grata à Deus, ao Universo e aos meus sogros, pois eles são os melhores avós do mundo! Stuart faleceu há dois, mas continuará sempre vivo em nossos corações.

Quando busquei Taís e Marcus no Brasil, me senti vivendo o filme "A Escolha de Sofia". No meu caso, eram quatro filhos, mas como eu criei apenas três, me senti abandonando um dos três. Era inaceitável, mas eu não tinha outra opção. Ou levava dois para ter a oportunidade de um futuro melhor, ou deixava os três na mais completa miséria, vivendo cada dia em uma casa diferente. Quando me vi obrigada a tomar essa decisão, me senti repugnante e cruel.

Minha alma se despedaçou ao separar meus filhos. Quantas vezes sentia o julgamento no rosto das minhas amigas, quando eu contava que tinha quatro filhos, mas criei apenas três, pois deixei Raul com minha cunhada. E agora, novamente, eu tinha que escolher dois e deixar um.

Depois de tanto sofrimento, mais uma vez, me sentia uma mãe fraca, impotente. Mas, eu não podia ser frágil. Era necessário ser forte e acreditar nos motivos pelos quais eu estava lutando. Não sou amargurada, mas me tornei uma mulher calejada, com nervos aço! Apesar de ter passado por tudo isso, jamais perdi a empatia por outras mulheres que têm suas histórias de luta.

Às vezes, me pego pensando e me pergunto como eu consegui passar por tantos tsunamis em minha vida? E a resposta que encontro é que nosso espírito tem uma força espantosa, como de uma águia. Nossa alma e espírito conseguem sobreviver com muito pouco, ou sem nenhum alimento. Isso é um milagre!

Passei muitos momentos pensando quem iria cuidar dos meus filhos se eles adoecessem. Se ficassem com frio à noite, quem iria levantar para cobri-los? Se estivessem com minha mãe, eu sabia que estariam bem cuidados.

Mas na casa do pai deles, não tinha ninguém para dar um carinho se tivessem febre.

Pensamentos terríveis me assombravam e sabia que não podia me deixar levar por eles. Era muito difícil e eu sentia muita dor. Embora muitas vezes eu tenha errado como mãe, sei que foi de mim que meus filhos herdaram a força para lutar por suas próprias vidas e pela vida dos seus filhos.

Nossas raízes continuarão existindo, formando árvores e dando frutos maravilhosos.

Eu acredito que não existe acaso no Universo e que tudo o que vivi aconteceu por uma razão. Eu creio que foi para o meu crescimento. Minha jornada foi muito longa! Tive que superar obstáculos desafiadores. Naveguei no oceano turbulento das minhas lágrimas e resistir aos furacões que passaram por minha vida, destruindo muitos dos meus sonhos de mulher, de filha, de esposa e de mãe, mas nunca me destruíram.

Minha esperança e minha fé me deram forças para seguir em frente. Não desisti um só dia de acreditar e de treinar minha mente para alcançar uma realidade melhor para meus filhos.

Se você me perguntar se valeu a pena deixar de viver uma parte da infância dos meus filhos, se valeu a pena deixar de dar o carinho que só uma mãe tem e de ver os sorrisos e alegrias deles nas pequenas conquistas...

Digo que valeu a pena, sim! Pois hoje eles têm uma vida digna! Todos conquistaram seu espaço! Depois de tudo, levei Taís e Marcus do Brasil para a Turquia. Acho que nenhum sofrimento que vivi foi parecido com a dor de ter deixado Júnior.

Mesmo assim, Júnior foi amoroso e compreensivo. Com apenas dezesseis anos, ele disse para que eu levasse os irmãos e não me preocupasse.

- "Um dia eu vou estar com vocês!" – ele me disse.

Nunca vou esquecer! Chorei muito olhando pra ele no dia da despedida. Não tinha como me sentir completamente feliz tendo Taís e Marcus comigo na Turquia, mas tendo deixado Júnior e Raul no Brasil. Depois da Turquia, mudamos para a Colômbia, e eu ainda não podia buscar Júnior.

Três anos depois, quando nos mudamos para a Inglaterra, a minha esperança ganhou força. Como brasileiro não precisa de visto para entrar na Inglaterra, eu imaginei que, dessa vez, nada poderia me impedir de buscar Júnior.

Na primeira semana em Londres, quando ainda estávamos morando em um hotel, saí para procurar emprego, pois estava determinada à levar Júnior. Consegui uma vaga no Mcdonalds e comecei a aprender inglês com mais empenho.

Nunca frequentei escola, fui aprendendo no dia-a-dia algumas palavras e expressões e, na Inglaterra, trabalhando na lanchonete e também como faxineira em uma casa de família, desenvolvi cada vez mais à língua, aonde a governanta me mostrava os objetos e me ensinava os nomes das coisas. Depois, comecei a ler revistas e fui praticando. Organizei tudo para a ida de Júnior e consegui um colégio para ele frequentar.

Quando estava tudo pronto, Júnior viajou para a Europa, parou na Alemanha por quatro dias, para visitar uma amiga minha e, quando chegou em Londres, a imigração o barrou.

Fiquei desesperada! Depois de sete anos esperando por esse filho, quando chegou finalmente o dia de tê-lo perto de mim, meu sonho virou cinzas! Tudo virou pó! A polícia disse que Júnior não entraria no país porque mentiu. Eu o havia aconselhado dizer que não tinha parentes em Londres, que estava indo apenas estudar.

Porém, abriram a sua mala e encontraram todas as correspondências que eu havia enviado de Londres para o Brasil. Quando o policial virou as costas, fiz um escândalo! Me joguei no chão, agarrei nas suas pernas e implorei que deixasse meu filho entrar.

Pedia pelo amor de Deus! Pelo amor da mãe dele! Por tudo que ele considerasse importante! Gritava em português, em inglês, mas foi tudo em vão.

Até hoje, meu coração sangra ao lembrar! É algo que ainda preciso me libertar! Acreditava que não era possível sentir uma dor maior do que a de tê-lo deixado no Brasil. Aquela dor, entretanto, foi maior. Saber que Júnior voltaria, sem nem mesmo vê-lo, me destruiu. Por causa da confusão, um grupo de pessoas se aglomerou e, constrangido, o policial me pediu que eu o acompanhasse. Quando eu e Robert entramos, ele disse:

Vou deixar seu filho entrar apenas por doze horas. Depois desse tempo, vocês devem trazê-lo para ele regressar para o Brasil. Caso contrário, a polícia vai atrás de vocês! Não podíamos arriscar à cidadania francesa de Robert. Então, buscamos Taís e Marcus para reencontrarem o irmão.

Eles se abraçavam e choravam, porque não entendiam o motivo de Júnior ter que partir. Que cena mais triste! Eu vendo meus filhos chorando e sem poder fazer nada por nenhum deles. Ainda tentei fazer à cabeça de Robert para que ficássemos com Júnior ilegalmente. Talvez pudéssemos fugir para a França, mas Robert não aceitou, é claro! Eu entendo! Era realmente muito arriscado.

Nós ainda passeamos com Júnior e o levamos para conhecer a escola onde os irmãos estudavam. Mas, não tinha outro jeito e voltamos para o aeroporto. Como ele havia entrado na Europa pela Alemanha, antes da Inglaterra, a imigração devolveu-o para a Alemanha e orientou-nos a pedir um visto na Embaixada Inglesa de lá. Então, fomos com as crianças para a Alemanha e passamos dois meses, os cinco, em um quarto de hotel, indo à Embaixada diariamente para tentar uma solução, mas não foi possível.

Acabamos regressando para Londres e mandando Júnior de volta para o Brasil. Até hoje, sinto tontura e náuseas ao lembrar do sofrimento de ter que fazer meu filho entrar sozinho naquele avião! De ver Júnior chorando, já com seus dezoito anos, me pedindo para deixá-lo ficar. Quanto sofrimento! Mas já passou! Escrevendo este livro estou perdoando meu passado.

Alguns dias depois tive uma crise nervosa e fui parar no hospital de ambulância, com uma forte enxaqueca. Depois de ficar horas na maca esperando o atendimento, meu nervosismo aumentou e fui na recepção, pedir ajuda aos berros. A atendente gritou comigo de volta, e me mandou calar a boca. Eu explodir em fúria! Joguei o computador e todos os papéis que estava no balcão no chão. Um enfermeiro veio tentar me imobilizar.

Eu estava completamente descontrolada, agarrei o pescoço dele e nos atracamos. Ele ficou com o pescoço todo arranhado. Então, vieram dois brutamontes, me seguraram, um em cada braço, me levaram de volta para a maca, feito uma galinha pendurada pelas asas, e me algemaram à cama, pelas mãos e pelos pés.

Continuei gritando, até que um médico me aplicou uma injeção de calmante e eu apaguei na hora. Robert, foi avisado pela vizinha que eu havia saído às pressas de ambulância. Ele, então, telefonou para todos os hospitais até me encontrar.

Quando voltei para casa, fui acometida por uma depressão muito profunda. Passei uma semana praticamente dormindo. Porém, eu não podia me deixar abater. Precisava continuar lutando pelo meu filho! Trabalhando para ter Júnior de volta comigo, definitivamente! Entretanto, ainda não foi na Inglaterra que eu realizei esse sonho.

De volta ao Brasil, Júnior passou no vestibular e fiquei pagando a sua faculdade e o seu aluguel. Somente quando fui para Porto Rico, dei entrada nos "papéis" e consegui trazê-lo para morar comigo nos Estados Unidos. Foram doze anos de espera, mas eu consegui!

Atualmente Júnior é organizador de eventos e gerente de um restaurante de uma rede francesa muito famosa na América. Depois, consegui fazer todos os trâmites para trazer Raul, meu segundo filho, aquele que eu não criei.

Hoje, graças à Deus, meus quatro filhos vivem nos Estados Unidos. Levei todos no Central Park e eles viram os seus nomes gravados lá, no meu lugar favorito! No parque mais importante da cidade. Hoje sei que, apesar de tudo, meus filhos são muito gratos a mim, pois os filhos deles têm uma vida muito melhor!

28 UM PORTAL CHAMADO TURQUIA

Morando na Turquia, conheci lugares lindos! Fui à Istambul, passei por seus mercados de tapetes o Gran Bazare de artesanatos turco. Tudo aquilo era fascinante!

O Turco para vender seus tapetes lhe convida para tomar um chá em chaleiras exóticas, servido em pequenos copos de vidro. Eles servem chá com tâmaras, enquanto desmonta a loja inteira, às vezes mostram trinta tapetes, um por um e vai lhe explicando como foi feito, os símbolos das línguas antigas escondidos em suas criações.

É uma experiência única! E mesmo que você não queira comprar, você acaba levando, tamanha é a capacidade de persuasão do comerciante turco.

Visitei à Mesquita Azul, que antes era a Basílica de Santa Sofia (Hagia Sophia), o Palácio Dolmabahçe que foi uma das residências do Sultão. Incrível como um homem pode viver com tamanha riqueza, sendo rodeado por tanta pobreza! Quem precisa de um sofá cravejado de brilhantes, rubis e esmeralda para sentar?

Também visitei a Capadócia e suas cidades subterrâneas. Impressionante a engenharia que eles tinham embaixo da terra a dois mil anos. Tinha lugar para abrigar os cavalos, lugar para fabricar o vinho e um cemitério inacreditável! Visitei Éfeso, as ruínas romanas e a casa da Virgem Maria. Visitei Pamukkale, as piscinas de águas termais e cálcio. Que delícia tomar banho naquelas piscinas naturais!

Estive nesses lugares por duas vezes, pois voltei para levar Taís e Marcos. Queria que eles aprendessem um pouco à história daquele país.

Um dia, Robert e eu fomos para uma Conferência de Diretores de Escolas Internacionais, em Istambul. No final teve um jantar dançante, com uma banda muito boa que tocava hits do mundo inteiro! Uma das músicas era brasileira, e dizia assim: "bate forte o tambor, que eu quero tiki,tiki tikitikitá". Eu requebrei tanto! Que deixei os turcos doidos! Eu subi em cima de uma mesa, e dancei muito! Que noite maravilhosa, me senti a tal!

Também passei por contratempos em Ankara. Em uma tarde, levei Taís e Marcus ao cinema. Enquanto me divertia brincando com as crianças, sentei em uma espécie de portão e os meninos me balançavam e a gente ria muito. De repente surgiu um homem em minha frente.

Ele me agrediu com tanta violência que eu caí de costas e bati minha cabeça. Tive uma fratura exposta em um dos braços. Creio que neste dia minha vida foi poupada! A pancada que eu levei na cabeça foi tão forte, que tive à impressão de ter ouvido uma explosão! Visto uma bomba explodir incendiando, com muito fogo.

Desmaiei e acordei com uma dor intensa! Desmaiei novamente e quando acordei já tinha sido operada. Ter sobrevivido foi um milagre!

Após uma semana, cozinhei para uma festa de Carnaval, com mais de cem pessoas que eu e uma amiga fizemos em um hotel cinco estrelas. Foi maravilhoso! E mesmo com o braço quebrado, dei conta do recado! Servimos vatapá, xinxim de galinha e arroz branco.

No evento tinha pessoas das Embaixadas da França, Bélgica, Portugal, Israel, Alemanha e Brasil. Taís e Marcus fizeram um show de capoeira! Foi muito divertido!

Uma vez, também com o pé quebrado briguei com o motorista do ônibus e acertei ele com a muleta! Taís e Marcus fizeram amizade com três adolescentes russos da escola. Os três eram irmãos, dois meninos e uma garota! A menina era linda! Parecia a boneca Barbie e Marcus logo se apaixonou!

Fizeram amizade com os turcos e os brasileiros das Embaixadas. Mas, no início Marcus teve alguma dificuldade em se enturmar. Certa vez, Marcus foi jogar bola na quadra do condomínio e voltou chorando! Quatro garotos turcos tinham batido nele e o expulsado do campo. Fiquei muito contrariada!

Peguei Marcus pelo braço e fui até lá. E disse entre no campo, pegue aquele pedaço de pau e enfrente todos eles, que eu estou aqui de retaguarda!

Marcus me obedeceu, cheio de coragem e mesmo sem falar inglês, nem turco, cacetou os meninos que saíram correndo! Depois disso ficou respeitado no bairro e na escola e se tornou o melhor jogador do time de *footbol.*

Essa ficou sendo sua característica em todas as escolas internacionais que estudou. O melhor jogador de futebol e o garoto mais popular! Até hoje, Marcus tem seu grupo de melhores amigos do *High School* de Porto Rico.

Taís também fez algumas amigas, mas era mais recatada, e se invocava com todo mundo! Acredito que muito porque sentia falta do Brasil, das suas amizades e do irmão Júnior. Taís chegou a namorar um rapaz turco, quando tinha quatorze anos, e eu quase enlouqueci quando descobri.

29 PORTO RICO E A MORTE DE MINHA MÃE

Quando mudei para Porto Rico que é uma linda ilha caribenha, gostei muito pelo clima parecido com Salvador, minha cidade natal.

No primeiro ano, morávamos em um condomínio confortável, com uma piscina semiolímpica e um jardim maravilhoso que dava para à praia. No segundo ano, o aluguel ficou caro e resolvemos mudar para um lugar mais em conta.

Senti que era o momento de comprar o nosso apartamento próprio, mas Robert tinha receio e achava que fugia do nosso orçamento.

Então, Robert se aconselhou com seus pais, mas eles não foram a favor, apesar de terem um patrimônio com um apartamento e duas casas. Mas, eu continuei insistindo.

Chegou o dia da mudança, e o meu pedido já tinha sido feito à Deus! Apesar de estarmos indo para um outro imóvel de aluguel, eu continuava com minhas afirmações: Eu posso! Eu consigo! Eu terei a casa própria! Seis meses depois, o Universo se encarregou de realizar o meu pedido.

Fomos passar à noite de Ano Novo na casa de praia de uma amiga brasileira e quando voltamos nossa garagem tinha sido arrombada e o carro de Robert que era novo, estava com os vidros todos quebrados e sem o aparelho de tocar cd. Robert ficou assustado! E decidiu que mudaríamos imediatamente. Era a oportunidade de realizar o meu sonho!

Encontrei um apartamento perfeito, mas Robert disse que era inviável, pois a gente não tinha o valor da "entrada" e que os pais dele não iria nos emprestar.

Era muito difícil conseguir um financiamento de duzentos mil dólares, sem ter o dinheiro do sinal! Robert estava com pressa em mudarmos, e de corretora, em corretora acabei encontrando à orientação que precisava para um financiamento sem "entrada". Consegui todos os documentos necessários e fui ao banco.

Em menos de uma semana fomos aprovados nos duzentos mil dólares, sem precisar da entrada, e pagando uma prestação ainda menor que o nosso último aluguel. Era um milagre!

Compramos nosso apartamento de três quartos, com uma suíte, todas as janelas tinham vista para o mar azul anil da ilha. Um espetáculo! Infelizmente, dois anos depois Robert saiu do trabalho e tivemos que voltar para Nova Iorque. Foi outro milagre em minha vida, pois teve uma crise econômica nos EUA e muitas pessoas perderam tudo e o dinheiro havia parado de circular!

Mas, não me cansava de acreditar que iria conseguir vender o apartamento e realmente consegui! Inacreditavelmente foi tudo à base de afirmações.

Ao mesmo tempo que estava vendendo o apartamento em Porto Rico, estava negociando a compra de um apartamento em Nova Iorque (devido à crise, estavam com preços excelentes!) e nesse graças à Deus, meus sogros nos ajudaram, dando o valor que faltava.

Neste período minha mãe ficou muito doente!

Ainda consegui encontrá-la com vida no Brasil, mas precisei regressar urgentemente, e deixá-la em seu leito de morte! Mais uma vez na minha vida tive que agir com à razão e sufocar a minha dor. Sei que fiz o certo, mas esta decisão me custou anos de culpa e depressão!

Eu precisava assinar os documentos da venda do apartamento de Porto Rico, e assinar os documentos da compra do apartamento de Nova Iorque. Eram duas chances imperdíveis e que sabia que mudariam à nossa vida!

Perder aquelas oportunidades, seriam à nossa ruína! E só poderiam ser feitas presencialmente. Era uma escolha crucial para mim, entre ficar no Brasil e acompanhar minha mãe nos seus últimos dias de vida, ou perder à grande chance de ter mais estabilidade financeira e oferecer segurança para minha família para sempre!

Tenho certeza que minha mãe compreendeu e me perdoou! Acompanhei todo o seu velório por telefone com minhas irmãs. Meu Deus, que dor! Porém o Universo me deu de presente um novo apartamento, em um bairro maravilhoso de Nova Iorque, aonde vivo até hoje! Este apartamento abrigou meus dois filhos mais velhos por alguns anos. Você pode dizer que foi sorte! Eu digo que foi um milagre que eu criei e Deus aprovou!

30 MINHAS VIAGENS

Minha primeira viagem para o exterior foi à Disneyworld. Nunca tinha ido tão longe, e fiquei fascinada com tudo que vi.

Não sabia que existia um mundo encantado, criado com o objetivo de entreter as pessoas. Walter Disney foi um gênio, pois além proporcionar alegria, profissionalizou o mundo da fantasia, que gera tantos empregos. Foram cinco dias de puro êxtase!

Depois fui para Nova Iorque, e me deparei com uma realidade completamente diferente da que sempre vivi. Cidade fantástica, com suas torres erguidas para o céu. Museus maravilhosos, sistema de transporte público perfeito (não era preciso ficar pendurado na porta do ônibus superlotado), seus teatros e shows incríveis!

As oportunidades de trabalho, a segurança pública, a facilidade para comprar as coisas necessárias, para se ter dignidade e um pouco mais de conforto. Nova Iorque é um lugar maravilhoso para viver! Se não fosse o inverno e a saudade dos amigos, seria perfeito!

Minha primeira viagem à Europa, foi à Itália, onde passei um mês visitando uma amiga, em Nápoles. Que viagem maravilhosa! Visitei várias cidades. Conheci o Museu do Vesúvio, que tem os corpos petrificados pelas cinzas do vulcão.

Celebrei o Natal na Bolonha, que foi lindo! E passei o Ano Novo, em uma boate, com uma festa incrível! Nunca tinha visto tanto luxo! Andei de Ferrari nas montanhas italianas. Por várias vezes estive na Itália e sempre fico mais encantada por esse país extraordinário! Quero muito passar uma temporada por lá.

Robert e eu, também fizemos uma viagem fantástica pela Europa, por três semanas. Começamos por Paris, onde visitamos o Museu du Louvre, Torre Eiffel, Catedral de Notre Dame. Passeamos de mãos dadas às margens do Rio Sena, tomamos café na Champs-Élysèes e caminhamos até o Arco do Triunfo.

Nesta Avenida as lojas são muito luxuosas, mas com sorte se consegue artigos com descontos e eu comprei um lenço de seda da Chanel, que há vinte e sete anos atrás custou na promoção cem dólares. Tenho o lenço até hoje! Acho um mimo.

Fomos para Suíça, onde passamos alguns dias em Genebra, depois seguimos de carro pelos Alpes Suíços. Paisagem fantástica! Em Roma visitamos o Vaticano e o Coliseu.

Passeamos pelas ruas romanas apreciando sua arquitetura e fomos descendo por várias cidades, mas a que mais me encantou foi Florença. Sua arquitetura é simplesmente impressionante! Florença à eterna cidade das artes. Linda demais!

Passamos ainda por vários vilarejos na região da Toscana. Seguimos para o Sul da França, visitando seus castelos mágicos, com tantas histórias de guerras, arte e beleza. Visitei lugares muito famosos como Saint Tropez e Cannes. Ficamos alguns dias e seguimos para Mônaco, onde fomos jogar no Cassino. Fiquei um pouco tímida pelas minhas roupas, já que logo na entrada vi várias modelos com vestidos deslumbrantes, saindo de suas Ferraris e limusines luxuosas.

Depois fomos para Nice e Lurdes, e caminhamos em procissão de pessoas em macas, cadeira de rodas, muletas, todas em busca da cura. Consegui chegar até à gruta e molhar um pouco a mão, mas na verdade não era católica, o que me comovia era a fé das pessoas.

Seguimos para uma cidade chamada Golfo de Padirac, onde visitamos uma gruta de cento e três metros de profundidade. Na gruta corre um rio formando uma lagoa e os cristais que pende do teto formam um visual fantástico! Voltarei lá um dia para apreciar essa infinita beleza!

Subimos e descemos as Montanhas dos Pirineus, fazendo camping em Biarritz, outra cidade fantástica! Atravessamos para Espanha por San Sebastián, país Basco e inúmeras cidades espanholas. Todos esses lugares são muito bonitos e gostosos de visitar! Com sua culinária deliciosa e seus queijos e vinhos saborosos.

Conheci também à Alemanha e à Inglaterra. Cheguei a morar por dois anos em Londres, que foi um lugar que apesar da chuva constante e do frio, gostei muito!

Na Colômbia, passei dois anos no Deserto La Guajira, onde vivíamos em um clima tenso, e não podíamos sair tranquilamente.

Vivíamos quase como prisioneiros, e só era possível sair do condomínio no avião da empresa. Era um momento pesado, aonde os guerrilheiros sequestravam os estrangeiros, tornando-os reféns para trocá-los por armas, dinheiro, e era tudo muito arriscado. Um lugar muito perigoso!

Eu tinha uma secretária do lar que era uma mulher nativa das montanhas e como eu tenho a pele morena, eu saía com ela usando sempre roupas simples para não chamar à atenção.

Visitei várias vezes Macau, a cidade do contrabando e comprei muitas coisas nos mercados contrabandistas. Fazia tudo isso escondido! Quando o meu marido estava no trabalho e as crianças na escola. Era adrenalina pura! As férias passávamos com Taís e Marcus, em Cartagena e Santa Marta.

Fizemos dois Cruzeiros pelo Caribe, em navios de luxo. O primeiro foi no famoso "Constellation" da linha Celebrity. Foi magnífico! Eu me sentia uma Rainha! Um Cruzeiro como aquele era pra deixar qualquer pessoa deslumbrada! As Ilhas do Caribe são realmente lindas. Fiquei fascinada!

Outra viagem fantástica que fiz foi para Jerusalém com minha amada amiga Luzia. A considero como minha irmã caçula. Nos conhecemos em Abu Dhabi e ficamos íntimas até hoje. Nossa viagem à Jerusalém foi única! Duas mulheres no meio de homens super machistas. Que lugar incrível é Jerusalém! Parecia que estávamos mesmo há dois mil anos atrás e podíamos recapitular as histórias de Jesus. Visitar os Templos, a Via Sacra, o Muro das Lamentações, o Monte das Oliveiras.

Depois à Palestina, Belém, o Rio Jordão e Tel Aviv. Passamos cinco dias com um guia israelita de um lado e depois com um guia palestino no outro lado do muro. Foi uma viagem de aventura inesquecível! Até banho no Mar Morto tomamos.

Outro destino incrível é o Chile. Fomos morar no Deserto de Atacama que é considerado o deserto mais seco do mundo. Apenas a cada dez anos ele fica todo florido e eu tive o prazer de presenciar essa beleza nas Cordilheiras dos Andes.

O céu nesse lugar parece estar baixinho. Acho que pela altitude, você tem a impressão de ver as estrelas e a lua mais de perto. Elas parecem enormes, formando uma cena paradisíaca, entre as montanhas. E em muitas partes se vê diferentes cores no barro, como dourado, vermelho, esverdeado, cinza. É incrível, as cores as vezes se misturam.

Gostava muito de ir passear em uma cidadezinha chamada São Pedro de Atacama, onde está o Valle de la Luna, com suas grutas desniveladas. Esta cidade é muito turística.

Na China, morei dois anos, mas para ser sincera, apesar de ser um país bonito por suas montanhas, eu não gostei! Morei em uma cidade bem moderna, mas era super poluída e achava a energia densa, não sei porque. Já Hong Kong parece Nova Iorque com a diferença que está rodeada de montanhas. A gastronomia é maravilhosa e normalmente exótica. Gostava muito de Hon Kong e passávamos muitos finais de semana por lá. O único inconveniente era toda vez que íamos atravessar para Hong Kong, era obrigatório passar pela imigração.

Filas quilométricas se formam todos os dias, pois muitos chineses de Chen Zhen trabalham em Hong Kong e eles tinham que passar pelo mesmo sistema de emigração. Apesar de Hong Kong ter voltado a pertencer à China o governo chinês mantém esse controle.

Certa vez, meu neto Diego foi de Nova Iorque para Hong Kong. Ele viajou sozinho e tinha apenas dez anos. Levamos Diego para conhecer o Tian Tan Buddha (Giant Buddha) de Hong Kong, que fica no alto de uma montanha, a mais ou menos 460 metros acima do mar, e se chega através de um teleférico, mas como fiquei com medo, cruzei as montanhas de ônibus. Levei 1h30 pra chegar, quando poderia ter feito em 15 minutos.

Fiquei super feliz de ter meu neto comigo, na China, por três semanas. Ele é um garoto muito inteligente e curioso, já no terceiro dia fez amizade com um garoto chinês que não falava inglês, mas os dois iam para a piscina e brincavam no vídeo game. Fiquei muito orgulhosa dele! Diego ia para a feira comigo, para conhecer e vê tudo quanto era tipo de bichos que eram vendidos, inclusive cobras. Eu morria de medo e de nojo, mas Diego se divertia e fazia mil perguntas.

Outra coisa que me orgulhei dele foi quando descobri o seu talento como negociante. Diego levou para China uns duzentos dólares e optou em comprar um drone e vários brinquedos eletrônicos para revender. O danado puxou à avó. Filho de brasileira com mexicano, bisneto de índio, espanhol e africano, nascido no Hawaii. Com essa bagagem genética e espiritual tinha que ser destemido.

Os chineses ficaram doidos com seus cabelos encaracolados, especialmente os que nunca saíram da China e só viam turistas brancos, de cabelos lisos. Ele ficava chateado, mas os seus cabelos lhe renderam muitos descontos na hora das compras. Era diferente e chamava muito à atenção! Fiquei muito feliz!

Quando Robert esteve internado por um mês, no hospital de Hong Kong, eu saia para caminhar pelas montanhas. Eram passeios incríveis! Descobri lugares lindos sozinha. Me sentia independente e aventureira!

O lugar mais inusitado que encontrei foi o Templo dos Dez mil Budas. Ele fica no topo de uma montanha e você tem que subir por uma escadaria que parece estar te levando para o céu. Toda a escada tem fileiras de estátuas de Budas enormes e dourados, cada um diferente do outro e todos com algo nas mãos.

Gente é uma cena incrível! Parecem os Guardiões do Templo. Dentro do Templo tem literalmente dez mil Budas pequenos pendendo do teto. E todo o Templo é rodeado de um jardim magnífico.

Outro lugar bacana na China é Macau. Meca dos Cassinos é uma segunda Las Vegas. Macau fala português, pois foi uma das Colônias de Portugal. Quando Marcus e Júnior estiveram lá, passamos duas noites no Hotel The Venetian Macao, que é um verdadeiro luxo!

O hotel é uma pequena réplica de Veneza e dentro tem um lago, com passeios de gôndolas. É simplesmente fantástico! Esse hotel é muito caro, mas valeu a pena ficar naquela suíte maravilhosa!

Outro lugar Fantástico que conheci foi à Tailândia, ficamos dez dias em Phuket. Eu, Robert e Júnior e foi fantástico! À noite é uma verdadeira loucura! Porque Phuket é um lugar para quem busca sexo, e lá tem de tudo! As praias de Phuket são belíssimas! Os Templos Budistas são incríveis!

Outro lugar lindo que visitei duas vezes, foi o Hawaii, que era o lugar aonde minha filha morava quando nasceu o meu primeiro neto, Diego. Praias lindas, de uma beleza natural deslumbrante!

Uma das minhas últimas aventuras, foi quando viajei do Chile para Cochabamba, na Bolívia. Atravessei as Cordilheiras dos Andes sozinha. Viajei vinte e oito horas para chegar! A ideia inicial era ir para um "seminário espiritual" só para mulheres, dirigido por um homem chamado Chamalu.

O encontro chamava "O Despertar da Mulher Guerreira". Foi lindo! Bem diferente do que eu imaginava. Tinha mulheres de várias nacionalidades e homens de outros países que eram voluntários.

O seminário durou cinco dias. Conheci um casal de brasileiros que estava viajando também pela América do Sul e ficamos amigos.

Decidi seguir viagem com eles até o Solar do Uyuni e de lá ir para La Paz, a capital da Bolívia. Foi uma aventura inesquecível! Me diverti muito durante à viagem de trem, que mais parecia um "pau-de-arara", com galinha, porco, bode e tudo mais no vagão, além que não tinha banheiro para fazer xixi.

O Solar do Uyuni é um deserto de sal fantástico! Todo esculpido pela natureza em pequenos círculos no chão. Parece um piso de mármore, e são quilômetros e mais quilômetros de sal. A cidade de La Paz parece uma grande favela com suas casas penduradas nos morros.

A Catedral Metropolitana de La Paz tem uma arquitetura em alto relevo e chama à atenção pelas dezenas de altares de Santos. Cada um mais adornado que outro. Fiquei impressionada!

Finalizei à viagem no Alto Paraíso de Goiás, para conhecer o famoso médium João de Deus.

31 ABU DHABI

Abu Dhabi é um lugar fascinante! Possui uma arquitetura ultra moderna, mas que ao mesmo tempo preserva à tradição, mantendo seus edifícios mais antigos, como as suas sagradas Mesquitas que ficam sob a sombra do seu arranha-céu futurista.

Também conheci Sir Bani Yas Island que fica a cem quilômetros da cidade. A ilha é a crista de um domo de sal criado há milhões de anos pela força da natureza, sendo o lugar paradisíaco onde o Sheikh Zayed escolheu para retiro e fez uma reserva ambiental, proibindo à caça dos animais selvagens.

No local, o Sheik mandou plantar milhares de árvores e introduzir várias espécies de animais, como girafas, gazelas, pavão branco, dentre outros. Construiu um hotel magnífico, onde passei quatro dias desfrutando do conforto, a beleza daquelas águas cristalinas e o completo silêncio, pois não se tem acesso de automóvel.

Tive o prazer de passar o meu aniversário de cinquenta anos, em um dos hotéis mais caros e luxuosos do mundo, que é o Emirate Palace Abu Dhabi. Passamos um final de semana dos sonhos.

Seus quartos são cuidadosamente decorados, extremamente extravagantes e com torneiras de ouro, travesseiros com pétalas de rosas, piscinas fantásticas, mordomos exclusivos e muito mais!

Tudo nesse hotel é um luxo! Por duas vezes me hospedei nele e posso garantir que valeu à pena! É inacreditável sua estrutura com museus, praias paradisíacas, passeio de camelo, uma área verde incrível e muito entretenimento!

Viajei também para outros Emirados como Dubai e Fujairah. Conheci o Catar, um país próximo.

Dubai possui uma arquitetura extremamente moderna, com seus prédios altíssimos, uma cidade turística que se destaca por ser também um centro de negócios, além de ter um deserto lindo e praias belíssimas. Entre seus edifícios mais fascinante está o Burj Khalifa com seus oitocentos e vinte e oito metros de altura.

A Dubai Marina é um bairro residencial, sendo considerada a segunda maior marina artificial do planeta.

O Hotel Burj Al Arab é uma construção incrível parece um grande barco sobre o mar. Seu shopping center gigantesco, o Gold Souk (mercado do ouro), as mesquitas, tudo divinamente construído no deserto. A parte ruim é o grande contraste social, aonde se percebe a situação de miséria dos trabalhadores imigrantes, que na sua maioria vem da Índia, Bangladesh, Paquistão, Filipinas, e infelizmente são mal pagos, mal alojados e mal alimentados.

Essa foi a parte que não gostei de viver nos Emirados Árabes, constatar a miséria humana no meio de tanta riqueza e também o calor insuportável que faz nesses lugares.

Finalizo esse capítulo dizendo que viajar é uma das coisas que mais gosto de fazer e se Deus permitir irei continuar fazendo. Quero envelhecer viajando pelo mundo! Agradeço à tudo e todos que me proporcionaram essas aventuras tão fantásticas! Gratidão Pai Universo!

32 O PODER INTERIOR

Se você me perguntar se valeu a pena tudo que vivi, todo esse sofrimento, os anos de distância dos meus filhos, os anos de saudades deles, eu vou te responder que, na vida, tudo tem um preço.

Eu não chamo tudo o que passei de sacrifício. Eu chamo de desafio! Foram muitos desafios e eu consegui vencer todos eles! Hoje eu olho para a minha vida e reconheço que eu tenho uma história de superação.

Quando eu agarrei as oportunidades que a vida me ofertou, eu não imaginava que trariam tantos desafios, mas, olhando para trás, me sinto vitoriosa em ver que superei cada um deles com lágrimas e sorrisos. Muitas pessoas preferem ficar na zona de conforto, pois têm medo de dar um salto no escuro.

Elas também pagam o preço por não verem o outro lado da vida e por não se arriscarem pela felicidade. Eu não posso julgá-las, pois cada um é o que é, no entanto, quero dizer que, se eu consegui, você também consegue. Tudo é possível para aquele que crê!

Eu acreditei que existia um mundo melhor e fui desbravar esse mundo, treinando minha mente todos os dias para usar o poder que Deus me deu.

O meu poder interior. Para realizar nossos sonhos, nós devemos colocar nossas metas em um lugar elevado dentro da nossa mente e caminhar em direção a elas, acreditando que dentro de nós existe uma força infinita.

Mesmo que nossos sonhos pareçam distantes, a fé inabalável é necessária para torná-los realidade. A fé é a certeza daquilo que não se vê. Como eu disse antes, a fé é uma prática diária. Hoje acredito que eu sou uma pessoa visionária, porque eu vi o meu sonho além dos olhos físicos.

Todos os dias eu visualizava meus quatros filhos sentados em nossa mesa, brindando comigo uma taça de champanhe borbulhando de amor e realizações.

Ser visionário é olhar para um deserto e transformá-lo em uma cidade florida e de beleza infinita assim como fez Walt Disney, quando decidiu criar a Disneylândia no deserto da Flórida. Eu tive a alegria de conhecer esse lugar. Assim também como fez o Sheik Zayed, nos Emirados Árabes, construindo duas cidades maravilhosas: Dubai e Abu Dhabi, no meio de um deserto de areia.

Eu tive o prazer de morar em Abu Dhabi por três anos e conheci o deserto ao redor. São quilômetros de areia. Como um homem simples, beduíno, tem a visão de construir uma coisa dessas?

A pessoa visionária não se conforma com o que parece estar "predestinado". Eu não me conformei em viver em uma favela no Brasil. Hoje os gringos vão ao Brasil e querem conhecer a favela, porque é bacana. Tem luz, tem água, todo mundo tem televisão. Onde eu morava, não tinha nada disso. Era pobreza total!

Porém, mesmo criança, eu via o meu futuro. Eu sempre quis algo melhor. Nunca me conformei com aquela vida de miséria e sempre pensei grande. Eu realizei todos os meus sonhos.

Hoje, olhando para o passado, eu vejo o quanto eu conquistei. Os sonhos que muitos diziam impossível, eu os conquistei!

Quando eu saí do Brasil, tinha um único objetivo: dar oportunidade aos meus filhos. Eu conquistei o meu propósito!

Todos os meus filhos estão realizando seus próprios sonhos. Sou uma mãe abençoada! Todos os meus filhos são seres humanos incríveis! Com muita gratidão, digo que eles são os melhores filhos do mundo! Sou bem casada! Amo meu marido e sei o quanto o meu marido me ama também!

Sou graduada pelo ICE – *Institute of Culinary Education* (Instituto de Educação Culinária) de Nova Iorque. Hoje sou chef de cozinha e trabalho por conta própria. Me sinto muito realizada na minha profissão!

Tenho meu apartamento maravilhoso no coração de Manhattan, em um bairro moderno e luxuoso chamado, Chelsea.

Estive em um evento na famosa *White House* (Casa Branca) a convite da minha filha Taís, que é oficial da Guarda Costeira americana, e com alegria digo que apertei as mãos do Sr. Barack Obama (44.º presidente dos Estados Unidos) e da sua esposa Michelle Obama.

Viajei pelo mundo! Conheci lugares e hotéis luxuosos! Jantei com Embaixadores e Sheiks. Eu, Dora a "ex-favelada" criei todos esses milagres!

Para mim, a coisa mais importante foi ter resgatado o meu amor próprio e nunca ter parado de sonhar! Os sonhos são a minha força para viver! Continuo sonhando e tendo a certeza que conquistarei todos eles!

33 CARTA DE PERDÃO

Queridos filhos é com muito amor e gratidão que estou terminando de escrever a nossa história. Para mim vocês são os "heróis" do filme que acabamos de assistir, através deste "roteiro", do qual chamamos livro.

Vocês são os verdadeiros vencedores! Tenho certeza que se não fosse por vocês, eu não teria tido a coragem de enfrentar tudo que eu passei! Mesmo sabendo que fiz o que era preciso para hoje estarmos aqui tendo um final feliz. Eu quero pedir perdão por todo sofrimento que causei.

Meu querido filho Júnior, meu Anjo-de-Luz. Eu sinto muito! Por favor, me perdoe. Eu te amo! Sou grata! Me perdoe pelas vezes que na minha ignorância, lhe bati. Eu pensava que estava te educando.

Peço perdão por ter deixado você tantos anos, entregue à sua própria sorte! Você ainda era uma criança, um adolescente e precisava dos cuidados e das orientações da sua mãe. Por favor, me perdoe! Também quero lhe agradecer por todo apoio que você sempre me deu quando eu fui embora do Brasil e por ter cuidado dos seus irmãos.

Agradeço por você ter suportado a dor de ficar sem sua mãe e seus irmãos por tantos anos. Você sempre foi um filho maravilhoso! Um espírito elevado que veio neste mundo para me ajudar a cumprir minha missão na Terra! Por tudo isso! Eu te agradeço e te peço perdão! Eu te amo com toda força que um coração de mãe pode amar.

Ao meu filho Raul, eu peço perdão por ter deixado minha responsabilidade de mãe com outra pessoa. Eu sinto muito Raul! Me perdoe! Eu sou muito grata a você! Por você nunca ter me julgado, por ser essa pessoa alegre, de bem com a vida e por ter permitido a minha convivência com você esses anos.

Você é luz! Meu filho amado! A vida tem suas razões que não sabemos explicar. Eu agradeço à sua mãe adotiva por todo amor que ela lhe deu. Obrigado meu filho por ter me escolhido para trazer você a esse mundo, e mesmo que eu não o tenha criado, eu te amo muito! Sempre te amei! Mesmo distante e muitas vezes não sabendo demonstrar esse amor! Me perdoe por ter tido medo de lhe assumir como meu filho!

Quero pedir perdão à minha filha Taís. Eu sinto muito minha filha, por favor me perdoe, eu te amo! Eu Sou muito grata por você ser minha filha. Me perdoe por eu ter tentado te abortar. Hoje eu sei que nada justifica um aborto. Me perdoe! Me perdoe! Me perdoe!

Por favor, perdoe todos os erros que eu cometi com você como mãe! Gostaria de ter sido uma melhor mãe para você e seus irmãos, mas eu não sabia ser mãe. Eu dei o meu melhor, dentro da minha ignorância. Hoje, eu vejo a mãe maravilhosa que você é com meus dois netos e quando eu nascer de novo, serei uma mãe melhor, pois tenho aprendido muito com seu exemplo e guardarei na minha alma os seus ensinamentos. Obrigada por ser uma filha maravilhosa! Obrigada por você dar o amor e a assistência de uma verdadeira mãe aos meus netos. Coisa que eu não pude e nem soube lhe dar! Eu te amo! E te amo muito!

Ao meu filho Marcus, o meu Quitito. Eu sinto muito, por favor me perdoe! Eu sou grata! Eu te amo! Quitito, me perdoe por ter tentado te abortar! Graças à Deus você resistiu e me livrou desse pecado! Me perdoe! Eu quero agradecer por você ser o filho e a pessoa maravilhosa que é.

Você tem sido o mentor da nossa família aqui na terra. Apesar de ser o caçula, sabemos da sua capacidade espiritual de nós iluminar. Obrigada por toda a sua orientação amorosa para mim, Robert e seus irmãos.

E para cada um de vocês, eu quero dizer que sou a mãe mais gratificada do mundo! Não poderia ter filhos melhores! Eu Sou grata à Deus e ao Universo por ter me dado o privilégio e o presente magnífico de ser a mãe de vocês!

Não tenho palavras para expressar o tamanho da minha gratidão! Eu Sou uma mãe abençoada. Eu Sou uma mãe gratificada. Eu Sou a mãe mais feliz do planeta terra. Por que vocês são os melhores filhos do mundo. Gratidão! Gratidão! Gratidão! Eu amo vocês!

Quero terminar essa carta com a frase da música de Marcus Viana. (VIANA, Música: A Miragem, 2001, Gravadora: Som Livre): "Somente por Amor, a gente põe a mão no fogo da paixão e deixa se queimar. Somente por amor, movemos terra e céus, rasgando sete véus, saltamos nos abismos, sem olhar pra trás. Somente por amor e a vida se refaz".

34 LIBERTANDO O PASSADO

Muitas vezes me perguntei que tipo de mãe eu sou, que tipo de mãe eu fui e o que é ser uma boa mãe.

Refletindo muito atrás dessas respostas, depois de contar toda essa história, cheguei à conclusão de que ser mãe é sentir uma vibração específica na alma, que tem tanta identidade instintiva, quanto espiritual. É um sentimento cercado de aceitação e reconhecimento.

Ser mãe, para mim, é sentir a vida com toda sua força! Tendo a verdadeira certeza de que faria tudo outra vez para ver meus filhos felizes, como eles estão hoje. Eu sempre orientei meus filhos para serem unidos.

Desde pequenos, quando eles brigavam, eu os incentivava a fazerem as pazes e se abraçarem. Mesmo estando distante, escrevia cartas, pedindo que se mantivessem unidos.

Como sempre me sentir rejeitada pela minha família, a coisa mais importante para mim era manter meus filhos unidos, pois eles são minha verdadeira família.

Hoje, quando estamos reunidos, nós falamos de muitas coisas e damos muitas risadas. Quando estamos juntos, parecemos irmãos! Não temos grandes segredos. Falamos de alegrias e tristezas, de sexo, de negócios, mesmo para tomar uma decisão importante, como a compra de um imóvel ou fazer um teste para "subir" de posição no trabalho, nos acolhemos e nos aconselhamos. Quando um está precisando, todos unem esforços para apoiar.

Nas últimas vezes que meu Robert esteve doente, nas cirurgias que passou dois anos seguidos e até no tratamento contra o câncer, toda nossa família estava unida. Meus filhos que moravam na Califórnia sempre deram jeito de nos visitar em Nova Iorque. Aqueles que moravam aqui, estavam sempre comigo me amparando.

Sou mesmo uma mãe abençoada! O sonho que tanto desejei, de vê-los sentados comigo na mesma mesa, já realizei tantas vezes que não posso ser mais grata!

E meus sonhos foram tão frondosos que deram "frutos". Tenho três lindas netinhas e um neto rapazinho, eles me mantêm sempre com a mente saudável e são a minha nova força para viver!

É com imensa gratidão que estou encerrando este livro! Agradecendo à Deus! Ao Universo! A cada pessoa que conheci e a todas experiências que vivi nesse mundo.

Agradeço a todas as pedras que encontrei no caminho, que chutei para o lado e seguir caminhando. Hoje estou libertando meu passado com amor, alegria e gratidão!

Que este livro seja uma mensagem de luz e esperança para as pessoas. Que traga consigo a chama da transmutação para quem vive na desesperança. Que cada palavra seja como um raio de sol que aquece do desalento. Que cada frase encha de oxigênio os pulmões dos desvalidos de liberdade Que o amor próprio vença! Eu me aprovo. Eu me apoio. Eu me amo. Eu me admiro e este é o desejo deste livro. O de resgatar a si mesmo.

Com amor...

Dora Smithberg